海上絲綢之路基本文獻叢書

中英交涉史

暹羅與中國

蔣子奇 著／陳序經 著

文物出版社

圖書在版編目（CIP）數據

中英交涉史 / 蔣子奇著. 暹羅與中國 / 陳序經著
. -- 北京 : 文物出版社, 2022.7
（海上絲綢之路基本文獻叢書）
ISBN 978-7-5010-7676-5

Ⅰ. ①中… ②暹… Ⅱ. ①蔣… ②陳… Ⅲ. ①中英關系－國際關係史②國際關係史－中國、泰國③華僑狀況－泰國－現代 Ⅳ. ①D829.561 ②D82 ③D829.336 ④D693.73

中國版本圖書館 CIP 數據核字 (2022) 第 097845 號

海上絲綢之路基本文獻叢書

中英交涉史·暹羅與中國

著　　者：蔣子奇　陳序經
策　　劃：盛世博閱（北京）文化有限責任公司

封面設計：鞏榮彪
責任編輯：劉永海
責任印製：蘇　林

出版發行：文物出版社
社　　址：北京市東城區東直門内北小街 2 號樓
郵　　編：100007
網　　址：http://www.wenwu.com
經　　銷：新華書店
印　　刷：北京旺都印務有限公司
開　　本：787mm×1092mm　1/16
印　　張：11.625
版　　次：2022 年 7 月第 1 版
印　　次：2022 年 7 月第 1 次印刷
書　　號：ISBN 978-7-5010-7676-5
定　　價：90.00 圓

總緒

海上絲綢之路，一般意義上是指從秦漢至鴉片戰争前中國與世界進行政治、經濟、文化交流的海上通道，主要分爲經由黄海、東海的海路最終抵達日本列島及朝鮮半島的東海航綫和以徐聞、合浦、廣州、泉州爲起點通往東南亞及印度洋地區的南海航綫。

在中國古代文獻中，最早、最詳細記載『海上絲綢之路』航綫的是東漢班固的《漢書·地理志》，詳細記載了西漢黄門譯長率領應募者入海『齎黄金雜繒而往』之事，書中所出現的地理記載與東南亞地區相關，并與實際的地理狀況基本相符。

東漢後，中國進入魏晋南北朝長達三百多年的分裂割據時期，絲路上的交往也走向低谷。這一時期的絲路交往，以法顯的西行最爲著名。法顯作爲從陸路西行到印度，再由海路回國的第一人，根據親身經歷所寫的《佛國記》（又稱《法顯傳》）一書，詳細介紹了古代中亞和印度、巴基斯坦、斯里蘭卡等地的歷史及風土人情，是瞭解和研究海陸絲綢之路的珍貴歷史資料。

隨着隋唐的統一，中國經濟重心的南移，中國與西方交通以海路爲主，海上絲綢之路進入大發展時期。廣州成爲唐朝最大的海外貿易中心，朝廷設立市舶司，專門管理海外貿易。唐代著名的地理學家賈耽（七三〇～八〇五年）的《皇華四達記》記載了從廣州通往阿拉伯地區的海上交通『廣州通夷道』，詳述了從廣州港出發，經越南、馬來半島、蘇門答臘半島至印度、錫蘭，直至波斯灣沿岸各國的航綫及沿途地區的方位、名稱、島礁、山川、民俗等。譯經大師義净西行求法，將沿途見聞寫成著作《大唐西域求法高僧傳》，詳細記載了海上絲綢之路的發展變化，是我們瞭解絲綢之路不可多得的第一手資料。

宋代的造船技術和航海技術顯著提高，指南針廣泛應用於航海，中國商船的遠航能力大大提升。北宋徐兢的《宣和奉使高麗圖經》詳細記述了船舶製造、海洋地理和往來航綫，是研究宋代海外交通史、中朝友好關係史、中朝經濟文化交流史的重要文獻。南宋趙汝適《諸蕃志》記載，南海有五十三個國家和地區與南宋通商貿易，形成了通往日本、高麗、東南亞、印度、波斯、阿拉伯等地的『海上絲綢之路』。宋代爲了加强商貿往來，於北宋神宗元豐三年（一〇八〇年）頒佈了中國歷史上第一部海洋貿易管理條例《廣州市舶條法》，并稱爲宋代貿易管理的制度範本。

元朝在經濟上採用重商主義政策，鼓勵海外貿易，中國與歐洲的聯繫與交往非常頻繁，其中馬可·波羅、伊本·白圖泰等歐洲旅行家來到中國，留下了大量的旅行記，記録元代海上絲綢之路的盛况。元代的汪大淵兩次出海，撰寫出《島夷志略》一書，記録了二百多個國名和地名，其中不少首次見於中國著録，涉及的地理範圍東至菲律賓群島，西至非洲。這些都反映了元朝時中西經濟文化交流的豐富内容。

明、清政府先後多次實施海禁政策，海上絲綢之路的貿易逐漸衰落。但是從明永樂三年至明宣德八年的二十八年裏，鄭和率船隊七下西洋，先後到達的國家多達三十多個，在進行經貿交流的同時，也極大地促進了中外文化的交流，這些都詳見於《西洋蕃國志》《星槎勝覽》《瀛涯勝覽》等典籍中。

關於海上絲綢之路的文獻記述，除上述官員、學者、求法或傳教高僧以及旅行者的著作外，自《漢書》之後，歷代正史大都列有《地理志》《四夷傳》《西域傳》《外國傳》《蠻夷傳》《屬國傳》等篇章，加上唐宋以來衆多的典制類文獻、地方史志文獻，集中反映了歷代王朝對於周邊部族、政權以及西方世界的認識，都是關於海上絲綢之路的原始史料性文獻。

海上絲綢之路概念的形成，經歷了一個演變的過程。十九世紀七十年代德國地理學家費迪南・馮・李希霍芬（Ferdinad Von Richthofen，一八三三～一九〇五），在其《中國：親身旅行和研究成果》第三卷中首次把輸出中國絲綢的東西陸路稱爲『絲綢之路』。有『歐洲漢學泰斗』之稱的法國漢學家沙畹（Édouard Chavannes，一八六五～一九一八），在其一九〇三年著作的《西突厥史料》中提出『絲路有海陸兩道』，蕴涵了海上絲綢之路最初提法。迄今發現最早正式提出『海上絲綢之路』一詞的是日本考古學家三杉隆敏，他在一九六七年出版《中國瓷器之旅：探索海上的絲綢之路》中首次使用『海上絲綢之路』一詞；一九七九年三杉隆敏又出版了《海上絲綢之路》一書，其立意和出發點局限在東西方之間的陶瓷貿易與交流史。

二十世紀八十年代以來，在海外交通史研究中，『海上絲綢之路』一詞逐漸成爲中外學術界廣泛接受的概念。根據姚楠等人研究，饒宗頤先生是華人中最早提出『海上絲綢之路』的人，他的《海道之絲路與昆侖舶》正式提出『海上絲路』的稱謂。選堂先生評價海上絲綢之路是外交、貿易和文化交流作用的通道。此後，大陸學者馮蔚然在一九七八年編寫的《航運史話》中，使用『海上絲綢之路』一詞，這是迄今學界查到的中國大陸最早使用『海上絲綢之路』的人，更多地限於航海活動領域的考察。一九八〇年北京大學陳炎教授提出『海上絲綢之路』研究，并於一九八一年發表《略論海上絲綢之路》一文。他對海上絲綢之路的理解超越以往，且帶有濃厚的愛國主義思想。陳炎教授之後，從事研究海上絲綢之路的學者越來越多，尤其沿海港口城市向聯合國申請海上絲綢之路非物質文化遺産活動，將海上絲綢之路研究推向新高潮。另外，國家把建設『絲綢之路經濟帶』和『二十一世紀海上絲綢之路』作爲對外發展方針，將這一學術課題提升爲國家願景的高度，使海上絲綢之路形成超越學術進入政經層面的熱潮。

與海上絲綢之路學的萬千氣象相對應，海上絲綢之路文獻的整理工作仍顯滯後，遠遠跟不上突飛猛進的研究進展。二〇一八年厦門大學、中山大學等單位聯合發起『海上絲綢之路文獻集成』專案，尚在醖釀當中。我們不揣淺陋，深入調查，廣泛搜集，將有關海上絲綢之路的原始史料文獻和研究文獻，分爲風俗物産、雜史筆記、海防海事、典章檔案等六個類别，彙編成《海上絲綢之路歷史文化叢書》，於二〇二〇年影印出版。此輯面市以來，深受各大圖書館及相關研究者好評。爲讓更多的讀者親近古籍文獻，我們遴選出前編中的菁華，彙編成《海上絲綢之路基本文獻叢書》，以單行本影印出版，以饗讀者，以期爲讀者展現出一幅幅中外經濟文化交流的精美畫卷，爲海上絲綢之路的研究提供歷史借鑒，爲『二十一世紀海上絲綢之路』倡議構想的實踐做好歷史的詮釋和注脚，從而達到『以史爲鑒』『古爲今用』的目的。

凡例

一、本編注重史料的珍稀性，從《海上絲綢之路歷史文化叢書》中遴選出菁華，擬出版百册單行本。

二、本編所選之文獻，其編纂的年代下限至一九四九年。

三、本編排序無嚴格定式，所選之文獻篇幅以二百餘頁爲宜，以便讀者閱讀使用。

四、本編所選文獻，每種前皆注明版本、著者。

五、本編文獻皆爲影印，原始文本掃描之後經過修復處理，仍存原式，少數文獻由於原始底本欠佳，略有模糊之處，不影響閱讀使用。

六、本編原始底本非一時一地之出版物，原書裝幀、開本多有不同，本書彙編之後，統一爲十六開右翻本。

目録

中英交涉史

中英交涉史

蔣子奇 著

民國二十二年上海大東書局鉛印本

社會科學叢書

中英交涉史

小學校高級用

上海
大東書局
印行

高小社會科學叢書

中英交涉史

李清悚主編

蔣子奇著

上海大東書局印行

目次

高小社會科學叢書

中英交涉史

一 用大礮打破中國的閉關主義

可怕的印度公司

話說在我國明朝萬曆年間，歐洲有個强國英吉利，和西班牙葡萄牙兩國，爭海上的霸權，結果，他將西葡兩國的海軍，都打得落花流水，所以西葡兩國東洋的商業權，也都被英國所搶奪。到了明神宗萬曆二十七年，（卽公元一五九九年）英國倫敦的商人，就組織了一個東印度公司。這個公司的責任，除了在東洋發展商業外，還要侵略人家的土地，所以這個公司的性質，和普通商業公司是不同的。英國自從東印度公司成立以後，就向印度大陸上擴張勢力，和葡萄牙人發生好幾次的血戰，在印度的葡人因爲沒有力量反抗，只得和英人講和，訂休戰條約，允許英船有出入中國澳門的權利，并由葡萄牙臥亞總督，寫信介紹；因此英人威代爾卽於明崇禎八年，帶了大隊軍艦，到澳門要求通商，但爲葡人和廣東官吏所阻止，英人以葡人失信，且恨我國官吏的自尊自大，就命軍艦闖入虎門，用大礮轟擊礮臺，未幾礮臺失陷，英人登陸，大肆搶掠，我國廣東總督大吃一驚，派人和英國議和，我國允許開廣東的河口地方，做中英兩國通商的商場。這就是中英通商的開始，也是列强帝國主義者，用武力逼迫我國門戶開放的第一次。

英人三種的痛恨

英人自我國允許通商以後，商人來華的就一天多一天。可是因了我國明末淸興，國內混亂，英國在我國的商業，總不能夠發達。後來滿淸統一中國，英人乃努力向我國擴充商業的勢力

●清康熙四十年，東印度公司派喀齊布爾的，到了北京，向清廷要求增開商埠，清廷允河口爲中英兩國通商外，又開浙江舟山做商埠；於是英國商業的勢力，漸漸擴充至我國沿海岸。不過這時候，英人對我國不滿意的地方很多，最痛苦的有三點：一是我國人叫英人是禽獸，因爲他們不懂禮節。（我國的禮節）二是說我國課外商的稅太重，（其實這時候我國的課稅，不到百分之五，那裏算得太重。）有妨害英人的商業。三是苦我國奸商的漁利。當時一般國內的奸商，因爲英人不明白我國商業的情形，就從中欺詐圖利，他們對官吏，說是英商奸詐無禮；對英人則假官吏的命令來欺壓，達到他們索詐的目的。英人爲了要解脫這三種的痛苦，所以屢次向我國提出交涉。

跪拜禮節 乾隆五十八年，英國政府派使臣馬加尼到我國，欲和我國

起糾紛

修好，并締結通商條約。他的目的是：（一）希望中國允許英國派員，照管本國的商務。（二）中國准英國商人得至寧波舟山天津廣州一帶貿易。（三）英國依照俄國的例子，在北京設一商館。（四）要求得舟山附近的一小島，爲英國人堆積貨物。（五）要求得廣州附近的一個小地方，許英國商人居住，或准允英人在澳門得自由居住及往來。（六）減輕征收英國貨物入口稅。（七）中國准英國人得自由傳教。馬氏負了這種使命，乘了莊嚴美麗的兩隻汽船，隨帶英皇的國書，和許多禮物，向白河直駛北京。這時候淸高宗皇帝，剛剛在熱河狩獵，因令馬加尼到熱河接見。馬氏謁見皇帝時，禮官硬要他行叩頭禮，他以爲英國向來沒有這種禮節，嚴厲拒絕，於是大起紛爭；後來中國皇帝，雖允許英使用本國謁國王的禮節接見，可是馬氏達不到締結條約的目的。到了嘉慶十年，英政府復派遣使臣到中國，并攜帶許多貴重的物品，賄賂當道的官吏，達到他要求的目的；但是這個消息被清政府知道，結果，非但不准英使謁見，而英國皇帝約翰第二也受了清朝皇帝的一頓臭罵。當時英皇雖然非常氣憤，可是也沒有辦法。嘉慶二十一年，英國政府心仍舊不死，再派亞墨斯爾為大使，到北京要求訂約。清政府輕視他，說他是「朝貢的使臣」。亞墨斯爾大怒道：「稱獨立國的大使為貢使，眞是豈有此理。」但清人以從前馬加尼不肯向皇帝叩頭，已屬氣恨，故對於這次英使的謁見皇帝，非要他行三跪九叩禮不可，亞墨斯爾不肯，於是糾紛又起。後來嘉慶帝忽允許英使用其謁見本國國王的禮節接見，可是亞墨斯爾又裝病拒絕。因此清廷大怒，卽命英使立時退出國境，并派兵押送，好像解押囚犯一般。這也是外交史上一齣滑稽劇吧！

三個洋鬼子來了

英人自從要求訂約被清廷拒絕以後，心裏非常懷恨，時時想用武力迫我國通商，我國政府和人民，也以爲英人是很討厭的東西，屢次想驅逐他們出境。兩國人民屢起衝突，尤以廣州一帶爲最甚。清道光十四年，英政府派律勞卑爲中國英商貿易監督官，來中國就職。到的時候，帶了隨員二人來廣東總督衙門，謁見盧坤總督，稅關吏報告說：「三個洋鬼子來了。」盧總督拒絕接見，命他們在澳門暫住，律勞卑不聽，一直跑進廣州，命一個書記帶了書信到總督衙門求見，盧總督拆看書信，勃然大怒說道：「洋鬼子這樣無理，怎麼能夠見我。」因爲律勞卑既然不聽盧總督的命令，而且寫信用平等式，所以盧總督非常氣憤，嚴厲拒絕。英使以求見不得，遂令軍艦二隻直駛廣州，想用武力保護商人，但至虎門時，被我國水師圍擊，敗退黃浦，於是律勞卑進退兩難，氣憤成病，不久，就一命嗚呼了。道光十六年，英政府將在華的監督官廢除，幷命義律爲領事，以情願遵守中國的法律，得駐足廣州。義律是個機警奸滑的人，用和平的方法，求英人在華商業的興盛，但是因爲我國嚴禁鴉片，和英人大起交涉，結果，釀成中英鴉片戰爭。

二 毒藥戰爭和南京條約

如虎似狼的鴉片

鴉片是一種毒藥，又叫做罌粟，含有刺激性；人們初吸的時候，很覺清香撲鼻，且能提人們的精神，但吸食既久，遂成病癖，假使一次不吸，便如生大病一樣，比不吃飯，還要難過。

所以吸食鴉片的人，精神頹衰，懶於做事，面色灰黃，兩肩高聳，雖生猶死，因有「煙鬼子」之稱。而且吸鴉片人所生的子孫，也成爲弱種。鴉片的害處，眞比虎狼還要厲害，據說我國的鴉片輸入，始自唐朝的時候。宋朝時民間有鴉片做藥餅治病的。到明朝人民吸食之風漸盛，輸入的數量也愈多。明神宗萬曆十七年關稅表中，有「鴉片十斤，價銀條十二個」的規定，可見當時鴉片輸入的情形了。及明末淸初英人代葡萄牙人執行東洋貿易權，而英國殖民地印度地方，又多產鴉片，因爲在中國銷路很廣，故努力向我國輸賣，獲利甚多。到淸道光年間，政府以鴉片的輸入，非但有害人民的身體與道德，卽國家的經濟也有很大的損失，（因爲鴉片輸入，銀兩卽向外流出，國內就起了缺銀的恐慌。）屢次下令嚴禁，大有不禁絕不止的趨勢。

林則徐大燒鴉片

自從清政府下令嚴禁鴉片以後，各省的官吏，都能奉令實行，尤以湖廣總督林則徐禁煙的成績最好。并且上奏清廷，痛論鴉片的禍患，他說：「煙不禁，國日貧，民日弱，數十年後，豈惟無可籌之餉，抑且無可用之兵。」議論很透切，宣宗皇帝很賞識他，召他到北京，拜他做欽差大臣，管理廣東海港的事情。他到廣東後，就實行杜絕鴉片的輸入。他知道英國領事館，是販賣鴉片的根據地，因通告英國領事，限他三日內，將所藏的鴉片全數交出，英領事不聽，則徐便派兵包圍領事館，拘捕有關係的英人，英領事不得已，始將鴉片二萬零二百八十三箱，完全繳出。則徐報奏清廷，在虎門挖掘大洞，將鴉片燒燬，并下令告各國商人說：「凡商船入口者，皆須具有夾帶鴉片者，船貨沒官，人卽正法。」這個法律，雖說是很苛刻的，可是要想禁絕鴉片，不得不有這樣辦法。當時葡美各國，因爲鴉片貿易，和他們沒有關係，都情願具結通商，獨英領事義律不肯，則徐遂下令迫英商離開澳門，義律也調兵備戰，幷乘我不備，擊沉廣東水師礮艦三隻。清廷大怒，下詔停止英商貿易，戰爭遂開。

天朝戰過不人夷

兩國開戰以後，英國就派海陸軍一萬五千人，兵船二十六隻，大礮一百四十門，向廣東進攻，可是這時候，林則徐在虎門大治軍備，防務堅固，英人見廣東有警備，遂轉道北進，侵犯沿海各省。道光二十年六月初五，侵佔浙江的舟山，幷礮擊乍浦鎮海等處，我國人民，死傷的很多。這年七月，英將伯麥等率軍進渤海，侵逼白河，當向直隸總督提出六條講和的條件：

（一）償還被燒鴉片的價值。

（二）開廣州廈門福州定海上海爲商埠。
（三）兩國國際往來用平等禮。
（四）賠償軍費。
（五）不得因密賣鴉片累及無辜英商。
（六）盡裁洋商浮費。

清朝接到這個條件後，心裏很害怕，因爲這時國內太平已久，海防無備，一般懦弱的官吏，畏怕洋人槍礮的厲害，多不主張和英人打仗，一面造出許多壞話，攻訐林則徐，說這次的戰爭，都是則徐辦理不好所釀出來的。於是決意和英人講和，一面下命令撤林則徐的官職，叫琦善到廣東去辦理善後，一面派伊里布到浙江和英人訂休戰條約。清人平時以天朝自居的驕氣，完全被英夷所屈伏了。

琦善做把戲

說起這位琦善的做事，眞要令人肚子笑痛，他是個官僚，不懂得什麼國際形勢，而且非常怯懦。他到了廣東，將則徐的設備，完全撤除，專門向英人獻媚，做討好的工作。英人見琦善容易應付，就於前索六款之外，又提出割讓香港的要求，琦善不敢允許，英人乘廣東無備，突然進攻。琦善不得已，乃允許割讓香港。但這時候清廷已得到英兵進攻廣東的驚報，大怒，向英國再宣布戰爭，命奕山楊芳等，到廣東指揮作戰。琦善旣允許割香港向英人求和，後又接着朝廷宣戰之上諭，非常狼狽，乃他竟異想天開，欲用美人計誘惑英人，因好幾次設宴英使，并挑選美人陪席。這種下流的舉動，是何等恥辱啊！

城下之盟

英人聞清廷悔約，大怒，於道光二十一年二月初五，大舉

千古恥之　進攻虎門，雖經水師提督關天培死戰抵抗，但各礮臺都陸續被陷，而從前林則徐向外洋買來的二百多門的大礮，也都被英軍所掠奪，并長驅直入，將廣州附近的要塞，完全佔據。時清軍數萬，聚集廣州城，因毫無紀律，且發槍礮不準，與英軍屢戰屢敗。四月初，英軍進攻廣州，用大礮轟擊，到處火起，煙焰滔天，清軍不戰自潰，英軍乘勢追擊，總兵鄧永福戰死，廣州遂陷於危險的狀態，守將楊芳奕山等恐慌了不得，遂派廣州知府余保純等，到英軍見英將烏臥古，行三跪九叩首禮，呈書乞和，經過好幾次的哀求，英軍遂允訂左列的休戰條約：

（一）我國允許賠償煙價外，復賠償英國軍費六百萬元，限五日內交付。

（二）清軍退駐離廣州城六十里外。
（三）割讓香港事件，等到後日再議。
（四）英軍退出虎門。
（五）兩國互換俘虜。

英國和廣東的休戰，不過是暫時的辦法，牠的最後的目的，是要我國承認以前所要求的六款，以及割讓香港。後來因爲中國方面，不提及煙價與香港二事，英人大怒，因又舉兵北犯。

不平等條約的訂立

道光二十一年八月，英軍抵浙江，先攻舟山，雖經總兵王錫朋葛雲飛等努力血戰，但是因我國軍械不良，結果被陷，王總兵等都戰死。不久英軍忽轉犯長江，所有沿江要地如吳淞上海福山江陰鎮江等，都陸續被英軍所佔領。道光二十二年，英軍逼南京城，清廷無辦法，乃命耆英伊里布牛鑑三人爲講和大臣，與英使璞鼎查經數次的協商，遂訂江寧條約，其重要點如左：

一、中國賠款二千一百萬元。

二、中國割香港於英。

三、中國開上海寧波福州廈門廣州五口爲商埠。

四、以後兩國往來公文，用平等式。

這次我國所以和英國訂不平等條約，是因爲鴉片貿易的糾紛，可是在條約當中，對於鴉片問題，一字不提及，以致後來鴉片仍陸續輸入我國，成爲蠱國害民的大患，我們不能不唾罵當時清政府外交的糊塗。

三 英法聯軍和北京條約

廣東人的排外運動

這次的英法聯軍，名義上雖說是英法兩國帝國主義向我國侵略的行動，可是主動的仍舊是英國，法國不過助英人搖旗吶喊罷了。自從五口通商，英人都不斷的到我國來經商。福州廈門寧波上海等處，英人住居很多，并且也能相安無事，獨廣東人努力排外，對於英人的入廣州，誓死反對，而且因爲廣東官吏的怯懦，他們自己就組織團練兵，做抗英的武力運動。有一次英國的兵船駛入虎門，想用武力得達入城的目的，粵人大憤，集合團練兵十多萬，向英國示威，英船不得已退去，可是英人已怨氣沖天，預備和我國作第二次的武力侵略了。

葉名琛的奇怪脾氣

到了咸豐二年，廣東巡撫葉名琛陞做兩廣總督。說起這位葉先生的脾氣，眞是奇怪。他看自己是個了不得的人物，幷且平日以雪大恥尊國體爲主義，眼見洋鬼子的無禮壓迫我國，心裏非常痛恨，時常想用方法反抗，這當然是對的，可是雪恥報仇，不是僅僅乎口頭談談，和擺擺架子能夠做得到的，必須要嚴修戰備，明瞭國際的情形，方得達到目的。但葉名琛是個專門擺空架子的愛國家，他不修戰備，不研究國際的情形，凡對於外國人，總看不起他們，假使有外國人來看的時候，他侮辱他們，或拒絕接見，所以結果，國家的恥辱，還沒有雪去，他自己倒被人家捉去關閉了。

亞羅船起禍端

鴉片戰爭以後，不久我國又有洪楊之亂，國勢一天一天衰弱，英人乘我國內亂的時候，就大施經濟侵略，利用奸商，給他們護照或國旗，令他們得在沿海各港口自由出入，做種種不法的商業（如販賣鴉片等），所以我國的奸商商船，揭英旗往來沿海各港口的很多。咸豐六年的九月，有中國商船亞羅號的，掛英國的國旗，從福建的廈門，駛到廣東，船中共有英國人兩個，華人十三個。當進口的時候，被巡河的水兵看見，卽上船搜查，將英旗拔倒，幷將十三個華人，捉到官衙究辦。英人大憤，向我國提出嚴重的抗議，兩廣總督葉名琛，置而不答，但也不設戰備。英兵遂攻陷廣州，名琛逃避不出，不過這次英兵的攻陷廣州，是沒有得到英國政府命令的允許，所以不久卽退軍，名琛與粵人見英人退去，大喜，幷且以爲英人怕中國，大起暴動，不分黑白，將外洋各國的商館和十三洋行，完全焚燬，於是英人以損失太大，遂調兵向我宣戰。

英法的聯合進攻

剛剛英軍出兵我國的時候，廣西的法教士，被居民所殺，法皇拿破崙第三，遂藉口與英軍聯合，進攻我國。當英軍抵香港時，英使額兒金致書給名琛，請「約期會議，賠償損害，重訂條約，不然，以礮火相見」。名琛駡他無禮，置不答覆，但仍不設備。及我國接到英法軍的「最後通牒」，名琛也一些不驚慌，有人勸他調兵備戰，他大聲說：「過十五日，必定沒有事。」據說名琛的父親，是個歡喜扶乩的人，平日名琛的軍事行動，都要求過他父親的卜決，才去實行，剛才所說「過十五日沒有事」的話，就是他父親卜決的結果。咸豐七年的十一月，廣州城被英法軍所陷，索捕名琛很急，名琛見形勢不好，就逃避民家，但卒被英兵所捕獲，將他兩隻手反背的縛在他的髮辮，送到印度的加爾各答，永久的將他禁閉。

天津條約的訂立

英法聯軍攻陷廣州後，廣州城遂入英法的勢力範圍，設官吏治理市政，儼然視爲屬土。但英法軍的强佔廣州，是非法的，而且清朝政府也不因此而驚慌，所以英法覺得僅僅乎强佔廣州，決不足以使清廷屈服，於是在咸豐八年的二月，派海軍北上，將大沽口的礮臺攻陷。到了這時候，清廷才大吃一驚，急派代表和聯軍講和，經過幾次的磋商，於咸豐八年五月，訂立天津條約。這次條約的內容，英國和法國的所得利益，大概相同，不過英國所得賠款的數目比法國多一些罷了，現在將中英天津條約的大概，說一說：

（一）中英互派駐國都的公使，英公使駐北京，華公使駐倫敦。

（二）中英兩國官吏辦交涉，概用平等的禮節。

（三）中國除前開五口爲通商地以外，再開牛莊登州臺灣潮州瓊州等處作商埠。

（四）中國賠償英國軍費及損失費各兩百萬兩。

（五）兩國人民犯罪，由二國用自己國家的法律裁判。又兩國人民如有爭訟事件發生，由中英兩國官吏會同審辦。

白河衝突再啓戰爭

天津條約訂立後，中國輿論很恨清廷的怯懦，尤以清國親王僧格林沁爲最恨洋人的跋扈，他知道中國的失敗，由於海防武備的不足，所以他於英法軍退出白河時，就努力作武力的修備．希望報仇雪恥。咸豐九年二月，英法二國政府派使臣到北京換約（天津條約），并用大批軍艦護送。到白河的時候，我國守兵，以不得政府的命令，不許英法艦通過，英法軍不講理，硬要駛入，我守兵遂發礮擊，英法軍沒有準備，被我軍打得大敗，幾乎全軍覆沒。英法政府老羞成怒，再調兵開戰，我國不敵，北塘大沽，先後失陷。聯軍遂由白河長驅直入，清廷不得已，派代表與聯軍議和，但不得結果。咸豐九年的秋天，聯軍進攻僧格林沁於張家灣，僧軍雖努力抗戰，但卒不敵英法軍礮火的猛烈，結果大敗。聯軍乘勝進攻北京，清廷大震。

英法軍大燒圓明園

英法軍逼近北京，清廷張皇不知所爲，咸豐皇帝，害怕了不得，一溜溜到熱河去避難，丟了北京城不管，所以英法軍就不費吹毛的力量，佔領北京。聯軍進了北京城，大肆搶掠，和土匪沒有兩樣，其中聯軍最可以令人唾罵的，就是焚燒圓明園的一件事。圓明園在北京城外西北角，是清朝君皇閒遊的地方，建築的宏麗，設備的完全，世所罕有，至於裏面所藏的珍貴寶器，更不知其數。而聯軍除掠奪東西外，竟不顧國際戰爭的規則，（按近時戰爭法規，凡國有財產，不供戰爭用者，不得沒收或破壞。）放火大燒圓明園，火光十數天不滅，這種殘暴的行爲，眞是使我們永久不忘的。

北京條約的訂立

北京被陷以後的情形，和英法軍盤據廣州時差不多，他們將清朝的帝室和官吏趕跑，固然可以暢所欲爲，可是他們旣然不能將北京永久佔領，又不能夠得着講和與訂約的機會，進退也是很狼狽的，所以他們就想出種種的方法，威迫清廷求和，有一次他們對清人說：「中國現在的政府，已經沒有立國的資格，假使不再與我們（英法）講和訂約，我們就要擁洪秀全做皇帝。」（因爲這時候，中國有太平革命軍的興起，洪秀全是太平軍的領袖。）清人聽了這些話，當然是怕的，可是當時的滿清官吏都畏懼英法軍的橫暴，都不敢出面講和，因此也沒有結果，後來經過俄國駐北京公使依格納福的努力調停，清廷才派恭親王做全權代表和聯軍講和訂約，這個條約的內容，中英與中法大概相同，不過法國所得的賠款，數目和英國相等。現在把中英北京條約的大概，說一說：

（一）中國承認天津條約爲有效。

（二）中國允增開天津爲商埠。

（三）中國割九龍半島的一部給英國。

（四）改增賠款數爲八百萬兩。

四　英國的侵略我國西南和緬甸領土的喪失

英國人的貪心不足

中英北京條約訂立以後，英人在中國內地所得的利權，一天一天的擴大，商業也一天一天的興盛。但英人的貪心，仍舊不足，還要向我國西南方面作積極的侵略。清朝同治末年，英國的印度政府，想派探測隊到雲南，做偵探雲南內地形勢的工作，駐北京英公使爲了此事，屢次向清政府交涉，清廷不勝囉唣，就允許其要求。同治十三年的秋天，英國探測隊卽啟程到雲南，英國公使館的書記官瑪加里也隨行。及光緒元年，探測隊與瑪加里到雲南的騰越，因受了土人的圍擊，瑪加里與英人數名，都死於難。英人得瑪氏死亡的報告，就小題大做，英政府訓令駐北京英公使，提出嚴重的交涉，且要求很重的賠償，於是清政府的困難又發生了。

訂芝罘條約了事

清政府接到英使的交涉的公文，因不明白瑪加里殺害的情形，卽派湖廣總督赴雲南調查情形。不久調查屬實，清廷遂捕殺土人數名，并將當時保護不力的官吏，革職辦罪。照理說起來，殺人償命，是很公道，英人也可以罷休了。不料英人心不滿足，向清政府百方要挾，英公使惺惺作態，離北京赴芝罘，（卽山東煙臺）

以示決裂，幷命英國的東洋海軍，向直隸灣進逼，膽小如鼠的清廷，怎經得英國這樣威迫呢？不得已，乃派李鴻章到芝罘和英使訂左列的不平等條約：

（一）中國出撫邺費二十萬兩。

（二）派大使往英國謝罪。

（三）雲南邊境通商事情，由英國派員與雲南巡撫會商。

（四）開四川的重慶，廣東的北海，浙江的溫州，安徽的蕪湖，及湖北的宜昌等五處爲商埠。

（五）規定英國人在各商埠有領事裁判權。

（六）中國政府允許英國人得入西藏探測。

這次訂的芝罘條約，其原因不過爲了一個書記官被殺，而內容這樣的苛刻，眞是世界上少見的事情呀！

講故事起了新愁恨

我們說起緬甸喪失的故事，令人非常悲恨。緬甸在我國西南方，西與印度爲鄰。自元朝世祖忽必烈統一中國後，緬甸卽做了我國的屬國，後因明朝神宗不注意屬土的經營，緬甸卽有脫離我國，成獨立國的趨勢力。明末清初，甸人以捉獻桂王由榔有功，對清廷非常傲慢。清高宗曾屢次派將征緬甸，艱難的經營：卒於乾隆四十一年平定。自後緬甸王卽受我國的封册，爲中國的屬國。但清朝勢力不久卽衰，對於緬甸也不能實際管轄，這就是中國放棄緬甸的開端。及十八世紀末葉，英國侵略印度以來，對緬甸也是非常注意。道光初年，英國因印緬爭國界的糾紛，藉口出兵攻緬甸，結果，緬甸大敗。因於道光六年，兩方訂約講和。（緬甸賠英國軍費一百萬鎊，幷割阿拉干地那西林阿薩密三地於英）及清咸豐年間，英國又出兵攻緬甸，緬甸人不敵，仰光被佔，緬甸王不得已，結仰光講和條約，割擺古州於英。緬甸經過英國二次的瓜割，已等於亡國。當時清廷也因內亂與外患的交逼，沒有力量顧到。大好河山，任人宰割，唉！可惜！

緬甸兩禮拜亡國

當英國侵略緬甸的時候，法國也從東面侵入，且乘英緬交惡，努力助緬抗英。英國見時機急迫，遂密定吞緬甸的計劃。清光緒十一年的秋天，英國乘我國與法國戰爭的當兒，派陸軍中將布連達加德，率重兵大舉進攻緬甸，緬兵器械笨拙，不敵英兵礮火的猛烈，遂大敗。緬王不得已，舉國請降，英兵整隊入國都，將緬甸王虜去幽禁，於是緬甸從此就永久的亡國了。按英人這次的併吞緬甸，化時間不過二禮拜，且不遇一次的血戰，東洋國家這樣容易征服，實出於西洋人意料之外呀！

爭面子中英訂協約

英國併吞緬甸手續完了的時候，剛值中法戰爭也告結束。清政府雖明知緬甸的滅亡，是中國的恥辱，但是中法戰爭才停，內外交困，實沒有力量再和英國抗爭，所以只有置之不理，聽其自然。不過英國的吞併緬甸，土地權是由中國方面搶奪過去的，法理上的手續，並沒有辦過，所以英國很想和我國訂約，使我國承認他在緬甸的主權。因屢次向我國交涉，我國也以面子上過不去，在光緒十二年的夏天，訂左列的協約：

（一）英國為敷衍中國體面起見，承認緬甸仍依常例，每十年派使進貢中國一次，但遣使禮節限於緬甸種族。

（二）我國承認英國對緬甸有最高的主權。

(三)滇緬的邊界，由兩國派員會勘，而邊境通商事宜，兩國另立專約協定。

(四)光緒二年中英芝罘條約中，所規定英國得派員至西藏探測一節，現以中國方面很多不便，英國允將該節停止。

五　英國的侵略西藏

呑錫金英人起野心

我國西藏的南部，有一條大山脈，叫做喜馬拉雅，向來有世界第一高山之稱。山脈的附近，建有三個小國：一名尼泊爾，(又稱廓爾喀)一名不丹，(亦叫布坦)一名錫金。(又名哲孟雄)這三個小國家，在羣山環繞的當中，和外國很少往來，但他們的言語風俗，和西藏很有相同的地方，所以和西藏關係非常密切。自十九世紀初葉，英人勢力侵入北印度以後，卽想選擇一條侵略西藏的路徑，因爲錫金是通西藏的要道，所以就想吞滅他。清朝嘉慶道光年間，英人用金錢收買錫金人心，使與英人親善，於是錫金漸入英國的勢力範圍，而英人的侵略西藏，也就積極進行。光緒二年英國得我國的允許，得派人到西藏探測，但後來因爲西藏人的反對，在光緒十二年訂中英緬甸條約的時候，將這一條取消。西藏人聽見這條件取消，心裏很快樂，并且以爲英人怕他們，就出兵錫金，用武力驅逐英人，英人大怒，於光緒十五年，和西藏開戰，西藏軍大敗，英人遂佔領錫金。

開放西藏中英訂約

英人既佔領錫金，在北京的英國公使，屢次和清政府交涉，要求我國訂約承認，我國不勝英使的威嚇，遂派員到印度和英國的印度總督，訂藏印條約，我國承認錫金爲英國的保護國，幷允許英人將來可以到西藏通商，於是我國就把錫金放棄。但英人仍舊貪心不足，繼續向我國要求從速規定開放西藏的辦法，淸政府於光緒十九年再和英國訂藏印續約，內容大概如左：

（一）中國定光緒二十年開西藏的亞東爲商埠。

（二）領事裁判權的規定，凡在西藏內，中外商民有爭訟等事，由中英兩國官吏秉公會辦。

（三）亞東開放一年後，如西藏人仍舊在錫金境內遊牧者，應照英國隨時所規定的章程辦理。

城下之盟 藏人受辱

西藏人以前面所訂的條約，利益都歸英國，心裏非常氣憤，對於開亞東爲商埠一節，誓死反對。雖經英公使向我國總理各國事務衙門屢次交涉，但我國以西藏人民態度堅決，也沒有辦法，這事因此延擱許多時候。及清光緒三十年，英人卽進攻西藏，擊敗藏兵，佔領江孜，不久復進逼刺薩，達賴十三出逃青海，英國遂佔據刺薩。後經清政府所派的駐藏大臣的調解，西藏和英人訂了刺薩條約，其大要如左：

（一）西藏允開亞東江孜噶大克三處爲商埠。

（二）西藏賠英國軍費五十萬鎊。

（三）西藏允將自印度至江孜刺薩之礮臺及要塞，完全剷平。

（四）西藏土地，無論任何外國，都不准讓賣或租典。

（五）西藏一切事情，不准任何外國干涉。

（六）無論任何外國，都不准派員或代理人至西藏。

（七）西藏的交通事業，及礦權，或別項權利，都不准他國人享受。

唐紹儀的忠心爲國

我們依照前面所列的條約看起來，我國在西藏的主權，固然被英國用武力奪去，而西藏也已無形滅亡了。清廷雖然糊塗，也覺得這個條約不對，所以當訂約的時候，我國外務部嚴電駐藏大臣有泰，勿參預其事，一面向英政府提出抗議，一面派員至印度，與英國的印度總督交涉，但因英國的頑强，不得結果。到了光緒三十二年，我國派唐紹儀和英國公使在北京開議，唐氏富於外交才能，且處處以保護國家的主權爲宗旨，和英使經過數次的辯論，卒訂中英藏印續約，將西藏的主權爭回。現列其重要點如左：

（一）英國不併吞西藏，幷不干涉其一切政治。中國亦承認不准任何他國干涉西藏的土地權和政治。

（二）將以前中英藏印所訂的各條約，作為本條約的附約，彼此都切實遵守。

英國的急乎侵略西藏，固然想擴張他的殖民勢力，一方面也是防止俄國勢力的侵入西藏。因為達賴十三是個親俄派的人物，他時常勾結俄人作抗英的運動。光緒三十年，英軍攻陷剌薩的時候，他的出逃青海，原想到俄國求救，但當時俄國被日本打得大敗，沒有力量和英國抗爭，只得置之不理。達賴不得已入北京，向清廷請示辦法，清廷因達賴的做人，沒有信用，對他非常冷淡。達賴受了清廷的輕視，心裏非常氣恨。及歸西藏後，便決心謀叛，造出許多謠言，激起土人的暴動，清廷因命趙爾豐進討，結果，達賴出逃印度

達賴十三的叛亂

，西藏平定。

辛亥革命的時候，達賴乘機回藏，起兵創亂，民國政府命四川都督尹昌衡，雲南都督蔡鍔合兵進討。但正在軍事進行的時候，

英人的無理取鬧

英國公使朱爾典忽向我國提出抗議，要求中國不得派兵入西藏，及干涉西藏的政治，幷說：「我國如不依允，英國將不承認民國政府。」這種無理取鬧的要求，我國本來可以置之不理，但當時政府因爲寧人息事起見，不敢和英國抗爭，對於討伐西藏的軍事，也無形擱置。及民國二年的秋天，我國派代表陳貽範到印度的希臘拉，和英國西藏的代表，協議解決西藏問題。陳氏很笨，且沒有辦理外交的能力，受了英人的威脅和引誘，遂簽字斷送西藏的草約。現列其大要如左：

(一)西藏的主權屬於中國。

(二)中國承認外藏有自治權，并不得改西藏爲行省。

(三)中國承認英國在西藏有特殊的權利。

(四)中國不派軍隊或文武官吏進駐西藏，并不得施行殖民事業。

自這個條約簽字後，袁政府以其內容，我國太吃虧，宣布否認，後來英人雖屢次要求我國承認，但無結果。

西藏的危機

自民國二年以後，西藏受了英國的保鏢，儼然是個自治的區域，我國也因內亂不息，政府沒有力量去干涉他。到了民國六年，西藏人乘我國南北交鬨的時候，出兵內犯，川邊鎮守使陳遐齡雖努力抵禦，但結果我國失陷地方十多縣。後以英國人的假意調停，兩方休戰。民國八年，英國又催議西藏問題，并提議中國與西藏劃界脫離關係，因我國不承認，議遂中止。但從此以後，英國亦不提及西藏解決的辦法，一意作事實上的侵略，且屢次嗾使藏人，興兵內犯。在西康省方面，屢次傳藏番入寇的警報，國民政府雖也曾派員到西藏去宣諭，告以五族共和，統一禦外的宗旨，可是藏人受了英人的嗾使，始終不肯覺悟，所以將來的西藏，恐怕不是中華民國的版圖了！

六 英國在華勢力範圍的劃定

英人勢力範圍的擴大

我國在光緒二十三四年的時候，是幾乎要亡國了。這時候歐洲列强都主張將中國來瓜分，後來雖然因美國的反對，沒有實現，可是沿海的海港，大概都給列强租去，且各劃分一定的土地，做他們自己的勢力範圍。於是我國次殖民地的地位，也就於這時候確定了。英國本來是個野心很大的國家，看見各國都搶奪中國的地盤，當然也是眼紅的；所以他就於光緒二十四年，向我國提出左列的要求：

（一）長江沿岸各省的土地，不得租借或割讓給他國。

（二）中國應將內河一律開放。

（三）中國兩年後開長沙爲商埠。

（四）中國總稅務司應永久聘用英人。

這時候，我國的政府，是一隻驚弓的鳥，對於英國的要求，沒有力量拒絕，只得一件一件的承認了。

英國強租

英國聞俄國要租借我國的旅順大連灣，就藉口爲保護中國我國軍港的平安起見，向我國要求租借威海衞。他對中國政府說：「俄國租旅順爲軍港，中國非常危險，如中國以威海衞租與英國，還可以制止俄國的跋扈。」當時的政府，既然沒有能力拒絕俄國的租借旅大，當然也無法阻止英國的要求。故在光緒二十四年五月，我國就允許英國的要求，和他訂威海衞租借條約，大概是：

(一)將威海衞全部水面及劉公島等各島，租於英國。

(二)期限定二十五年。

當中英訂威海衞租借條約的時候，同時英國要求我國，將九龍半島租借給他。我國以英人貪求無厭，拒絕其要求。英人大怒曰：「中國租廣州灣於法國，使香港發生危險，故英租九龍以爲抵制，假使中國能拒絕法國不租借廣州灣，英國也可以不租九龍。」清政府是怕列强發脾氣的，因派李鴻章和英人訂九的各小島和水面，全租於英，期租於英國，英國在中國沿海的勢，也日漸急進。

七 英國帝國主義者的

北京城的第二次失陷

清朝光緒二十六年，國人被殺死的很多，且還要和他們勾結，一聯合俄法日意美德奧等七國的海軍京也陸續被陷。英國的軍隊，遂在

清朝派李鴻章當全權代表，和英國等訂了辛丑條約，英國得賠款五千多萬兩，并和各國享受我國在條約中所損失的一切權利。

英人的殘殺行爲

自從民國以來，我國民衆因反抗帝國主義者的侵略，而受他們毒殺的案件很多，其中尤以英國人爲最兇暴。我們現在列一張英人慘殺案的表，使大家明瞭英國帝國主義者的殘暴。

慘案發生的時日	簡略事實
民國十六年一月三日	漢口英兵槍殺華人案。因這時候，我國國民革命的勢力，達到漢口，英國禁止我國的民衆運動，遂用武力攻殺，被害很多。
民國十六年三月十二日	新嘉坡慘殺案。新嘉坡的僑胞，因國民革命勢力的發展，舉行革命的宣傳。英國嚴厲禁止，并用武力槍殺

遊行的民衆。

民國十六年三月廿四日

南京英艦礮擊下關慘殺案。這時候，國民革命軍，克復南京，城市頗有騷擾。停泊下關江面的英艦，即開礮轟擊，死傷頗衆。

民國十六年五月二日

英艦礮擊江陰案。我國國民革命的勢力，發展至長江後，英國在長江的勢力範圍，漸有破裂的趨勢。江陰為長江重要的要塞，故英艦開礮示威。

民國十四年五月卅日

上海南京路慘殺案。上海因日本紗廠，殘殺工人顧正洪，各校學生大憤，出發演講日本之暴橫，但為英巡捕所干涉，且捕去多名，羣衆不服，都到南京路巡捕房，要求釋放被捕的學生，不料英捕突然開槍轟擊，民衆逃避不及，死亡枕藉，慘不忍覩。

民國十四年六月十一日

漢口慘殺案。漢口得到上海慘案發生的消息，當地民衆也起了羣衆運動，但爲英兵武力干涉，以致傷亡的很多。

民國十四年六月廿三日

沙基慘殺案。廣東民衆因英人在上海慘殺我國的同胞，遂起援助的運動。但遊行至沙基時，被英國等軍隊所轟擊，死亡很多。

民國十四年八月二日

南京英國和記工廠慘殺工人案。自上海慘案發生後，我國民衆對英國感情益劣，到處起了反抗的舉動。南京下關英人所辦的和記工廠，因工人罷工，遂施毒殺手段，以致工人死於非命的很多。

上面所列的各種慘殺案，有交涉了事的，有交涉沒有結果的。至於各種慘殺案發生的原因，就是英國帝國主義者對我國侵略急進的結果。近來英國因我國民衆態度的激烈，表面上和我國政府，大講其親善政策，如威海衛的歸還，放棄鎮江的租界權，幷允許我國收回關稅的自主權，以緩和我國民衆排英的空氣。實則和日本帝國主義者互相勾結，着着向我國西南方面進攻。最近西藏人的屢次進攻西康，就是英人野心的暴露。

高小社會科學叢書　　(46)

民國二十二年十一月初版

高小社會科叢書 中英交涉史

全一冊實價大洋一角五分
(外埠酌加郵費匯費)

主編者 李清悚
編著者 蔣子
發行人 沈駿聲 上海北福建路三三一號
印刷者 大東書局 上海北福建路三三一號
發行所 大東書局 上海福州路九十九號
分發行所 杭州 廣州 北平 天津 長沙 重慶 瀋陽 南京 漢口 徐州 梧州 汕頭 開封 濟南 南昌 廈門 雲南 哈爾濱 新嘉坡 大東書局

暹羅與中國

暹羅與中國

陳序經 著

民國三十年商務印書館鉛印本

文史叢書之三十

暹羅與中國

陳序經著

文史叢書

暹羅與中國

陳序經著

文史叢書編輯部出版
商務印書館發行

自序

閱了本書的目錄的人，也許以爲它的內容，主要是討論暹羅本身的問題；可是事實上，不但全書的目的是說明中暹的關係，就是有些地方，表面上是敍述暹羅本身的問題，仍是以中國的立場去解釋，這是讀了本書的人都能明白。我所以名它爲『暹羅與中國』，就是這個原故。

在書裏各章，所說的話也許有了多少重複的地方，這是因爲在寫的時候，預備每章單獨發表：其實有了好幾章，已在各雜誌發表過。詞句上的重複，本來可以修改，然而我所以照樣付印，一來是要保存本來的眞面目；二來主要的是想使中暹人士對於這些話特別加以注意。

我少時住在南洋，離南洋後，二十年來，差不多每三年都必到南洋各處一次。比較的說：我逗留在暹羅的時間很短，然而我對於暹羅，卻特別注意。這個原因，是讀了本書而尤其是最末一章的人所能容易看出來的。

在這本書裏，我對於暹羅最近的親日排華的政策的錯誤，很不客氣的指摘：然而暹羅近百年來在各方面的進步之速，我也很直率的承認，這可以說是本書的要旨。自然的，我對於這方面的解釋也許未能十分透澈，但假使這本書能夠喚起國人對於中暹的關係，加以注意，那麼，我寫這本書的目的，可以說是達到了。

岑家梧先生曾費了不少時間爲我校閱，區旭先生又爲我重抄一遍，這都是我很感謝的。

二十八，十二，二十。於昆明。

目次

第三編

暹羅與中國

緒　言

暹羅之於中國，不但歷史的關係，至爲長久，就是現在的關係，也最爲密切。明史外國傳說暹羅爲隋唐的赤土，而隋書南蠻傳又謂赤土乃扶南的別種。又據史籍所載，三國時吳康泰曾出使扶南，晉時扶南也常常遣使來中國朝貢，隋時常駿又使赤土。唐、宋海上交通發達，中暹的關係必定很爲密切。元史之關於暹國與羅斛的記載，有十六處之多。除了中國遣使到暹羅外，據暹羅與西洋的史籍所載，暹王敢木丁曾兩次來中國朝見，並且帶了許多中國磁匠回去暹羅，製造磁器。直到現在，在蘇口胎與薩文克樂，尚存有不少磁窰舊跡。明代洪武三年，曾『命使臣呂宗俊等齎詔諭其國。』永樂時代，鄭和又常到其地。暹羅方面，朝貢之頻，史不絕書。而暹羅這個國名，也是出於洪武所賜。到了清代，鄭昭是華僑的兒子，曾恢復已亡於緬甸的暹羅，而做暹羅的皇帝，建立暹羅的國基，使暹羅直至現在，爲南洋的唯一獨立國。鄭昭是近代暹羅的立國元勳。

這是歷史上的關係。在種族上，暹羅的第七世皇普差拉加特卜克曾公開的說過：『暹華關係很深，就是我個人，也含有華人的血統」。暹羅的皇室，尚且如此，至於民衆方面之含有華人血統者，人數之多，更不待說。因爲歷史上的關係長久，血統的關係密切，所以暹羅受中國的文化的影響，也至爲深刻。

在歷史上，在種族上，以至在文化上，中暹的關係，旣是這樣的密切，以情感論，以道理論，以至以利害論，中暹兩國應該攜手合作，共同維持亞洲的和平，共同驅除東方的公敵。然而很不幸的，暹羅不但不與中國共同維持亞洲的和平，共同驅除東方的公敵，反而常常施行排華的政策，漸漸的趨於親日的方向。比方暹羅人所稱爲聖明的鄭昭，是被暹人所壓迫而退位。暹羅政府在一九二六年所刊行的暹羅一書，公然承認鄭昭的被迫退位的主要原因之一，是因爲他是外國人。其實鄭昭何止只被暹羅人壓迫而退位，據說他且被暹羅人所害死，這是以往的事。現在呢，暹羅又不要明代中國人所賜與的國名而改國號爲泰，極力的鼓吹其所謂汎泰主義，存心挑撥中國境內的一些民衆，故意宣傳唐代的南詔爲其祖國。此外、對於中國政府，則反對交換使節，對於中國人民，則提高入口稅率，施行識字試驗，想盡了各種方法，以限制其入口。同時對於居留暹羅的華僑，又用婚姻以引誘，用教育以陶染，用法律以壓迫，使其忘宗，使其暹化。

事實上，暹羅這種排華政策，對於中國，旣未必有害，對於暹羅也未必有益。暹羅雖反對中暹交換使節，與限制中國人民入口，華僑在暹羅的人口與勢力，並不見得因此而減少。至於暹化華僑的辦法，恐怕不但無效果，反而會引起他們的反感。我們看看二十餘年來，暹羅華僑地方主義的打破，中國國語的流行，以及各種愛國運動的發展，救國團體的增加，就能明白華僑民族主義的發展是與時並進的。其實我們也可以說華僑的民族主義的發展，是受了泰族主義的影響的，而泰族主義的發展又是受了西洋文化的影響的結果。因爲暹羅在近代而特別是百年以來，會自動地努力去接受西洋文化，暹羅既是西化，暹羅的華僑也隨之而西化。民族主義的運動，在近代西洋文化中，是一種極普遍而顯明的現象，暹羅的泰族既是受了這種運動的影響，華僑也間接或直接地受了這種運動的影響了。

而況在暹羅境內，除了泰族與華僑外，還有老撾，緬甸，柬埔寨，馬來由各種民族，假使他們也受泰族主義的影響，或間接受西洋民族主義的影響而發展其民族意識，那麽，暹羅內部豈不是有了民族爭鬥的危險嗎？至於暹羅親善日本，不但足以引起中國的反感，而且足以引起英法的反感。日本兩年餘來，用了全國的力量，尚不足應付中國，要有餘力去應付英法，那只是一種夢想。暹羅得罪了中國，又得罪了英法，則在國際上所處不利的地位，是顯而易見的。

我們希望暹羅當局，要深切的洞識；所謂泰族主義，會引起他們內部民族糾紛的危機，所採的親日政策，會引起國際上不利的地位，趕快的澈底覺悟，趕快的改變方針。這不但中暹邦交得以和睦，就是亞洲的和平，也因此賴以維持。

第一編

第一章 暹羅的國名

關於暹羅這兩個字的連用與其來源，明史卷三百二十四外國傳，曾有下面的記載：

暹羅在占城西南，順風十晝夜可至。卽隋唐赤土國。後分爲羅斛暹二國。暹土瘠，不宜稼；羅斛地平衍，種多獲，暹養給焉。元時，暹常入貢。其後羅斛強併有暹地，遂稱暹羅斛國。洪武十年，照祿羣英承其父命來朝，帝喜，命禮部員外郎王恆等齎詔及印賜之。文曰：「暹羅國王之印」，並賜世子衣幣及道里費。自是其國遵朝命，始稱暹羅。

從這一段記載看起來，暹羅這兩個字的連用，是始於明洪武（一三七七年）十年，雖則暹羅斛國的名字，在洪武十年以前，元朝以後，已經爲中國人所知道。我們考暹國與羅斛國之見於元史者，共有十多處，可是沒有暹羅斛國數字的連用。元史卷十九述成宗『大德元年（一二九七年）四月壬寅賜暹國羅斛來朝者，衣服有差。』這顯然是說明暹國與羅斛是兩個國家。又在元史裏除大德元年，載暹國羅斛兩國同在一處外，其他各處之關於暹國與羅斛的表貢，皆分開記載。例如卷十六載：『至元二十八年（一二九一年）十月癸未羅斛王遣使上表』，與卷二一

○載：『暹國當成宗元貞元年（一二九五）進金字表。』又元至正九年（一三四九），汪大淵所著的島夷志略曾有羅斛與暹的記載。他對於這兩個國，不但分開來記載，而且明明白白的指出暹與羅國是兩個國家。然則『暹羅斛國』這數個字的連用，我們實不知從何時始，也不知是從何處來了。

島夷志略暹國條云：『至正乙丑（一三四九）夏五月，暹國降於羅斛。』大明一統志卷九十暹羅國條也有『至正間，暹始降於羅斛而合爲一國』，與上面所抄的明史所謂『其後羅斛強併有暹地』，也許是據島夷志略而來。

島夷志略的著者汪大淵，在元至正間，曾附賈舶浮海，歷南洋數十國，所記大約無大錯誤。我曾參閱達嗎鑾拉查奴帕 (Prince Tamrong Rojanubhab) 所著的暹羅古代史（王又申譯本）也有多少同樣的記載。

又考元史卷二十八，至治三年（一三二三）春正月，暹國尚遣使來貢。所以暹之被羅斛征服的時間，當以汪大淵所說爲準確。

不過我們不能不奇怪的，是暹既爲羅斛所征服，爲什麼此後還把暹字首列，而稱爲暹羅國或暹羅斛國。

不但這樣，暹國之見於中國史書最早者好像是元史，而羅斛已見於宋史。宋史卷四百八十九丹眉流國條云：『丹眉流國東至占臘……東北至羅斛。』羅斛既是一個歷史較長的國家，後來又滅了新興（？）的暹國，而中國方面還叫做暹羅國或暹羅斛國，這是很使我們不解的。

總之，從中國的記載看來，明史所謂暹羅一名，是始明初，大致沒有什麼錯誤。因爲羅斛之併暹是在一三四九，而明史載洪武之賜名乃在二十二年後（一三七七）。就使暹羅這個國號並非始自洪武，那麼暹國與羅斛之合爲一國而稱爲暹羅，也當在一三四九以後。達瑪鑾拉查奴帕氏在其暹羅古代史裏也以爲暹羅這個名詞，乃出自中國，他說：

當希因他拉蒂王(King Sri Intaratitya)在蘇口胎(Sukotai)京宣佈立國之時（按爲西曆一二五八年），考木人(Combodians)尙在洛泊布里(Lophouri)存有一部份之實力，洛帕布里又稱羅。……中國方面記載，稱在南方尙屬於考木者爲羅斛國，係採羅之意，至於北方，已隸泰族人之蘇口胎則名曰暹國，取其在暹國境內之意（依王又申譯本）。

至於英文 Siam 一字達瑪鑾拉查奴帕氏卻以爲出自印度。他說：

Siam 之一字，乃爲近代始有之名詞。外國人稱暹羅曰 Siam。但泰人自稱曰泰國或蘇口胎京。Siam 一字原屬梵文，因此疑 Siam 一名亦係由印度人首先稱呼者。中國外國之人，亦不過依聲稱呼而已。照字義講，Siam 一字有兩種解釋：一曰棕色，二曰黃金。用之於人種，意則其人棕色，用之於國家，意卽其國多金。據外國之考古學者推測，Siam 一名，原以稱呼南部泰人者，泰之住於緬甸境內者爲撣，撣字恐爲 Siam 之變形，積時日久，音調轉變，乃成爲撣。但持反對者，亦大有人在，謂泰人皮膚比之考木老人潔白好多，故棕色之解釋爲誤。又因暹羅產金，故多金之說，較爲近情。此層更與教史中所載阿輸王派遣教使二人至素灣蒲木（意卽產金之地）宣傳教義之說，互相印證，更覺吻合也。

此外又如格累姆(W. A. Graham)在大英百科全書(*Encyclopedia Britanica*)十一版暹羅(Siam)一文，以爲Siam這個名詞，在暹羅一千年前，也許已很通用，不過用這個名詞來指明暹羅這個國號，卻非暹羅人自稱其國的國號。可惜格累姆在這篇文裏，並沒有指明出Siam這個字的來源。我們知道暹羅人自稱其族爲泰族(Thai or Tai)。自稱其國爲泰國。最近林惠祥先生在其中國民族史卷下第十六章僰撣系總論裏曾據丁文江先生的研究，而有下面一段話：

僰撣卽所謂泰撣族(Tai-Shan)。撣爲種族名，泰其自稱之語，意爲自由者。撣字之起源，或謂由於中國語之山字。暹羅之暹字，亦與撣字相近，後漢書有撣國之名，卽指出此族散佈之地頗廣，佔暹羅全部，緬甸東部，安南西部，及中國西南部，緯度二十五度之南。名稱隨地而異，在緬甸者仍稱撣，在暹羅北部及安南西部者則稱老撾(Laos)，在暹羅南部者則稱暹羅人，在雲南者曰僰夷(Pe-yi)或擺夷、白夷、蒲蠻(Pu-man)，在貴州者謂之仲家或水家，在廣西者爲僮、儂，四川者爲僚及土人、沙人、民家、濮等名，在中國之撣又稱爲泰苗(Tai-mao)或中國撣(Chinese Shan)。中國自古卽有僰、濮、及卜之名稱，故可稱爲僰族或僰撣族，以爲撣中之一支。

我們閱了這段話，可以明白所謂泰撣的分佈的區域之廣。可是在這段話裏，也有不少可以商量的地方，不過我們所要特別注意的是泰撣(Tai-shan)兩個字，也許是由撣字而來。後漢書卷二百十六西南夷列傳哀牢夷一篇裏，曾有一大段述及撣族。有些西洋學者，如胡特（W. A. R. Wood）以為泰族('Tai)是從中國遷到暹羅。在唐以前，乃謂為哀牢，在唐謂為南詔（參看 Wood: *A History of Saim*），所謂泰是不是唐的南詔，以及唐以前的哀牢、我們在這裏不必討論。又後漢書所載的哀牢與撣國有否關係，也有待於他日的研究。我們在這裏所要討論的，是這個撣國，撣註作壇，本為T音，英文當作 Tan，與英文的 Tai 相近。現在的暹羅人自稱為泰(Tai)，也許就是從古撣音而來。又古T音的撣變為齒音的撣而讀如 Shen，今日的撣 Shan 族就是後漢書的撣族，大概沒有什麼疑義。英文所謂 Shan，大概是從齒音的撣而來。現在暹人所謂泰，大概是從舌音的撣而來。所以現在在暹羅的泰是與撣同種，這一點不但為許多人類學者所主張，就是暹羅人也承認。

我們既承認泰是從撣而來，我們現在再進一步而討論暹與撣的關係。丁文江先生以為『撣字之起源或由中國之山字，暹羅之暹字亦與撣字相近。』暹字音也許由撣字音轉變而來，因此我們也許可以說暹族就是撣族。

我們若再進一步而考究中文的暹與英文的 Siam，我們以為好像也有很大的關係。暹字為思淹或思廉切，西文 Siam 的 Si 與 am 是與「思廉」或「思淹」很近的。其實，廣音暹可以切爲 Si am。證之廈門、潮州、海南各種方音，更爲顯明。速讀卽好像單音，然慢讀就可以切爲 Si am 或 Siam。

這樣看起來，西洋之所謂 Siam，大概是由中文之暹而來。至說 Siam 一字原屬梵文，而遂以爲 Siam 是由印度人首先稱呼，恐怕也不過是一種臆說罷。

此外，日人山口武在暹羅一書裏說：

西曆一世紀之頃，有貝利語或梵語者指湄南河流域爲息馬(Cyama)，或息馬拉打(Cyama Katta)，嗣後此等語頓易爲細姆(Siem)，又易爲沙姆(Syam)，遂轉訛爲現時之Siam，蓋不容疑(中譯本一八頁)。

此說不知何據。同書又云，『暹羅的國名，泰西旅行家又名之爲白象國，或黃衣國，一則基於其國旗，他則形容其佛教僧侶着一樣的黃色法衣』。(一頁)這種僅據表面的觀察，尤不可信。

總之，我們以爲暹羅這個國名的稱呼，無論是從暹羅人方面或西洋方面來看，都與中國人所稱呼的撣或暹有了密切的關係。這樣看起來，中暹兩國關係的歷史之淵遠可見了。

第二章　暹羅的人口

暹羅的人口，據法國教士巴特來剛（Patlegoin）在十八世紀初葉的估計，在暹羅境內共有六百萬人，到了一九一一年，暹羅內務部調查全國人口的結果，共有八百二十六萬六千四百零八人。暹羅曼谷日日郵報在歐戰後十年（一九二八年？）所出版的暹羅現代史一書，估計暹羅約有一千萬左右的人口。又據一九二九年暹羅人口調查的結果，總數爲一千一百五十萬六千二百零七人。照這些統計看起來，從十八世紀的初葉至二十世紀的初年的二百年間，暹羅的人口只增加了二百二十餘萬。而從一九一一至一九二八，不到二十年，却增加了一百七十餘萬至三百二十餘萬。這就是說：三十年前的二百年中，暹羅的人口，每一百年只增加了一百萬，而十年前的二十年中，每十年中增加了一百六十萬。以常情而論，這種增加的速率，似乎不大合理。不過我們若進一步去考究，也許未必全爲無稽。原來暹羅從十六世紀的末葉與十七世紀的初葉，納禮王（Narit）開疆闢土，東降眞臘，西敗緬甸，北取淸邁，版圖旣大，所管轄的人口當然增多。到了十八世紀的下半葉，暹羅被緬甸所蹂躪，後來雖得鄭昭恢復故土，然而人民生命之犧牲者，眞不知多少。人口的減少，與生產率的遲慢，也是合理的事。十九世紀的下半葉以後，暹羅又受了英法兩國的威脅，失了不少的土地，一九〇八至一九〇九年間，暹羅還割讓巴丹孟，安古等地與法，又割讓馬來半島的吉打，吉蘭丹，丁加奴，巴里士等地與英。土地的割讓，當然包括人民在內。我所以說十八世紀的初年至十九世紀的初年的二百年中，暹羅人口的增加比較的少，未必全爲無稽，就是這個原故。

自從一九〇九年以後，暹羅不特沒有外患而引起戰爭與割地，而且內部的進步也相當的快。比方交通的發達，水利的開辦，農業的改良，商業的發展，衞生的設備，與治安的完備等等，都可以說是人口劇增的因素。而且外國人民之在這個時期裏，也直接或間接的受了上面各種因素的影響，使移入暹羅的人口日益增加。據德國摩索爾夫(Mosolff)氏在一九三二年所出版的中國人民的遷出(*Die Chinesische aus Wanderung*)一書裏的統計，遷入暹羅的中國人，一九一八年至一九一九的一年中就有七萬左右。從一九一八至一九二八的十年中，就有九十萬以上。此外，從一九〇九年至一九一八年間的中國人及他國人之到暹羅者，都不計算在內。假使摩索爾夫的統計是可靠的話，那麽，這二十年內，在暹羅境內增加了三百餘萬的人口，並不算做一件稀奇的事。

我們若從種族方面來看，據巴特來剛的統計，暹羅人爲一百九十萬，中國人有一百五十萬，老撾人一百萬，馬來人一百萬，東埔寨人有五十萬，派其由人五萬，其他人種五萬。又據暹羅內務部一九一一年的統計，暹羅人有七百二十七萬六千六百一十八人，中國人有十七萬零九百九十七人，馬來由人有十六萬九千七百零五人，東埔寨人有十三萬四千三百三十二人，加林人有六萬零一百八十五人，蒙人有二萬八千八百六十六人，香人有二萬六千零八十一人，安南人有六千五百二十五人，緬甸人有六千零六十一人，歐美人有四百七十九人，爪哇人有三百八十一人，其他八千九百三十六人。

上面各種的統計中，最足使我們注意的是暹羅人口與華僑人口的數目比率的不同。據巴特來剛的估計：暹羅人有了一百九十萬，華僑則有一百五十萬。這就是說：華僑的人口差不多與暹羅人口相等。然據暹羅內務部的調查，暹羅人（泰人）有了七百二十七萬六千六百一十人，而華僑只有十七萬零九百九十八人。這麼一來，華僑的人口只等於暹羅人四十一分之一，等於暹羅人口總數四十八分之一。

自然，巴特來剛的統計是否正確，還有疑問，德國哥特發爾特(H. Gattwalat)在一九〇三年所出版的華僑的移出及其影響於黃白兩種人(*Die Uberseeische aus Wanderung der Chinesen und ihre Einwirkung auf die Gelbe und Weisse Rasse*)一書裏，估計在十七世紀的末葉中國人之居住暹羅的大約不出四千人，巴特來剛的估計是在十八世紀的初葉。若果十七世紀的末葉，既只有四千人，那麼十八世紀的初年決不會增加到一百五十萬。因為在這個時候，中國方面既沒有特別的變遷，而使這麼多的人民移入暹羅，只靠四千人的生育以增加到這個數目，是絕對不可能的事。不過我們所要注意的，是哥特發爾特的這個統計只是一種推算，而巴特來剛則不同，他自己於一七〇〇年到暹羅，住在大城，親目看見中國人之住在暹羅的人數很多，縱有了這個估計。而巴特來剛之所以有這個估計，必定是因爲他看到暹羅華僑的人口與暹羅的泰人人口差不多相等。若果我們說他所估計的華僑的人口過多，則他所估計的泰人的人口，也是同樣的過多。我們固未能盡信他的估計是正確，可是哥特發爾特的推論，未必就是可靠。

暹羅的史料最爲缺乏，十八世紀下半葉以至十九世紀的史實，都不容易考查。比方鄭昭的事蹟就很不清楚。至於人口的估計，更不容易。不過中國與暹羅在歷史上的關係至爲密切，五百四十年前（一三〇〇），敢木丁來中國，光是中國磁匠就帶了很多回暹羅，以後中國人移入暹羅，逐漸增加。巴特來剛在敢木丁來中國的三百年後，他在暹羅看見中國人口與暹羅人口差不多相等，大有可能。其實若以暹羅在那個時候的人口的總數來看，一百五十萬的中國人也不過估了四分之一。

我們縱就撇開巴特來剛的估計不談，專就暹羅內務部一九一一年的統計來看，這個統計的錯誤，極爲顯明。暹羅內務部這個戶口調查始於一九〇五年而終於一九一一年。起初暹羅政府不過試查了十二州，後來才擴大到全國。在這六年內，不但像我們上面所說因東南兩部的土地的割讓，而使人口發生變動，而且因爲調查的年日過久，與方法缺乏完善，調查所得的結果，就大不可靠。因而關於華僑人口數目的錯誤，更爲重大。

我們知道在暹羅內務部正調查全國人口的時候，曼谷州於一九〇九年曾舉行過一次人口調查，結果，曼谷的華僑有了十九萬七千九百一十八人，而內務部調查全暹羅的華僑只有十七萬九百九十八人，曼谷一州的華僑人口，比之暹羅全國的華僑人口還多了二萬餘，這實在是謬妄之至。

又據暹羅政府一九一九年的人口調查總數爲一一、五〇六、二〇七人，其中華僑只佔了四四五、二七四人。照這次調查的結果，華僑比之一九一一年的調查的雖增加了差不多二倍，佔總數二十五分之一，然而這個數目還是太少。上面曾說過：摩索爾夫曾估計從一九一八至一九二八的十年間，就有九十餘萬華人從中國移入暹羅，而暹羅政府在一九二九關於華僑人口的估計，尙不及摩索爾夫所估計的一半，同時也不過多過一九〇九年曼谷一州的華僑人口的一半，這顯然又是很大的錯誤。

其實，暹羅政府無時不有意的把華僑的人口數目，弄得特別的少。照暹羅國籍法，凡是生在暹羅的，皆爲暹羅人。因而華僑在暹羅所生的子女，暹羅政府都當作暹羅人看待。不但這樣，暹羅政府因爲對於華僑很爲顧忌，向來實行暹化華僑的政策，有了這種政策，不得不把華僑人口的數目故意弄得很少。因爲這樣，暹羅政府所調查的人口數目之不可靠，是顯而易見的了。

凡是到過暹羅的人，都能看見在城市的商店裏與街道上的中國人，比之泰人多得多。就是在小鄉村裏，以至深山僻壤，也有華僑的踪跡。我們可以說在暹羅，凡是有人類居住的地方，都有華僑。所以若說暹羅華僑只佔了暹羅的人口總數的四十八分之一，或二十五分之一，這是誰都不會相信的。

除此以外，又如夏之時（Richards）在一九〇八年所出版的中華地理（*Comprehensive Geography of the Chinese Empire*），商務印書館民國十三年所出版的中國第一回年鑑，與民國十四年駐外領事的報告，均以爲在暹羅的華僑只有一百五十萬。這與二百年前巴特來剛所估計的數目相同。這些統計，是否也從巴特來剛的書中得來，不得而知。不過，夏之時的估計，是在三十年前，而中國年鑑第一回與駐外領事報告，均在十五年前，若照摩索爾夫的統計，則從一九一八至一九二八已有九十餘萬人，那麽，這三十年來或是十五年來所增加的數目，與原有的數目總共起來也有三百萬人左右。

照一般很低的估計，暹羅華僑的人口，至少有三百萬左右。比方彌爾（Mill）在其所著的國際地理（*International Geography*）一書，就以爲暹羅的華僑約在三百萬人左右。這個數目，大概上是從華僑之自認爲華僑的來說，至於實爲華僑而因政治或其他原因不被認爲華僑的人數，當必很多。所以照普通的估計，華僑有三百萬至五百萬是很合理的。至少華僑的人口不會少於泰族的人口。

同時，華僑的人口的增加率，無論如何，比之暹羅境內的其他的民族必定較大，因爲華僑受了中國千子萬孫的傳統觀念的影響很深，既不施行節育，而在經濟上的地位又比之暹羅人爲優，故其兒童死亡率也較低。而況中國國內的人民之到暹羅的又源源不絕，華僑在暹羅的人口本來已多，再加上了這些原因，則華僑在暹羅的人口之多，是無可疑的。暹羅的泰人所以對於華僑特別排斥和顧忌，也是這個原因。

可是，我們從人口的立場來看，泰族對於華僑的排斥與顧忌，却是一種錯誤。據一九一一年暹羅內務部人口調查的報告，暹羅人口總數為八百二十六萬四百零八人，其中男子佔四、一二二、一六八人，女子佔四一四、二四〇人。女的比男的多了二萬二千零七十三人。一般看來，中國人口是男多於女，而暹羅却女多於男。暹羅女子之多，是到過暹羅的人所容易看見的現象。我以為女子多於男子尚不止內務部人口調查所報告的數目。因為華僑之到暹羅者多為男子，二十年前，瓊州女子就不許到暹羅與南洋各處，而潮州，梅縣，廣州，福建等處女子之到暹羅南洋各地者為數亦少。因為生活艱難而到暹羅的人，多無家眷，就是有了家眷的，也難於同行。

華僑之赴暹羅者十分之九既是男的，而暹羅人口的總數又是女多於男，於是暹羅政府，不得不獎勵華僑與暹羅婦女結婚，和特別的限制中國婦女入口，以調劑這個畸形的現像。然而暹羅政府還要排斥華僑，這豈不是互相矛盾嗎？

其次，暹羅的幅員，比之中國雖有十五分之一，而其人口比之中國只有四十分之一，暹羅平均每方英里約有百五十人。加以中國不宜於耕種的土地很多，連同東南一角的許多肥美地方，也多遠不及暹羅土地的肥美。所以照現在暹羅的人口來看，就使增加了二倍至三倍，也不至於人口過剩。已往暹羅富源的開闢，主要是得力於華僑，暹羅將來國家的發展，主要的還須依賴華僑。華僑在暹羅過去既爲暹羅開闢富源，將來又爲發展暹羅所必賴，暹羅人坐受其益而又無人滿之患，那麽暹羅政府限制華僑入口豈不是白受其害嗎？所以我們從暹羅的人口上看來，暹羅當局的顧忌華僑，與排斥華僑，實在是一種錯誤。

第三章　暹羅的泰族

泰族是現代暹羅執政的民族，它的人口統計，已見上述，現在進而考究泰族在暹羅的歷史及其和我國的關係。

二年前，我在獨立評論第二三五號發表過一篇進步的暹羅。我寫這篇文的動機，是因爲國人對於暹羅，從來不但太少注意，而且很爲蔑視。所以我說：

> 國人對於暹羅，大概以爲一來是一個蕞爾小國，二來是我們過去的藩屬，三來沒有什麼特殊的優高與固有的文化，所以從來很少注意，而且很爲蔑視。近數年來，因爲暹羅發生了好幾次革命與排華運動，國人對之雖稍加注意，可是蔑視的心理好像並不減少。連了好多住在暹羅的華僑也存這種觀念。
>
> 暹羅在幅員上雖遠不及我國之廣大，然而一個國家的富強並不一定依賴於幅員的廣大。歐洲各國可以不必說，我們的東鄰就是很好的例子。又暹羅能從藩屬的地位而變爲一個獨立的國家，一方面是表示我們國勢的衰弱，一方面表示暹羅地位的增高。至於文化方面，暹羅雖沒有其特殊的優高與固有之處，然恐怕正是因爲了這個原故，所以牠在消極方面，纔沒有像我們的文化的惰性那樣厲害，阻止其文化發展，使能在積極方面盡量西

化。

暹羅之華僑不但人數很多，且又爲暹羅經濟之命脈。暹羅全國人口只有一千萬左右，而華僑在暹羅全國人中，竟佔三百萬至五百萬之多。暹羅的第七世皇曾對華僑說過，「華暹血統關係很深，卽我個人也含有華人血統，故在暹華僑就是暹人，當忠愛暹羅。」拿暹前王這些話來看，足見他對於華僑的重視。可是現今暹羅的主政者的態度，卻就大不相同了。他們不但高揭「泛泰主義」的旗織，且又不斷有排斥華僑之行動。雖則暹羅現今這種政策，是否完全受人唆使，純屬被動，一時尚不能明瞭，然而我國之應有密切的注意乃爲事之不待言者。

四年前我到過暹羅，已覺到暹羅的進步之快。去年又得機會在暹羅數月，使我覺得只在這四年內，暹羅已有很大的變化。暹羅華僑有一句俗話：「暹人穿褲，唐人走路。」一（意站不住）四年前暹羅人還是穿着他們的紗籠（帕農），現在很多穿褲子了。去年政府且通令政府機關人員要穿西服。這不過是一個說明的例子，然而我們從此也可明白暹羅近年來的變化的厲害。

我又說：

四年前，我從安南西部邊境塔火車赴暹京曼谷，車中有一位暹羅移民局局員與我談天。談到中暹關係時，他說：「從前暹羅有很多事情要效法中國，現在不但用不着請教於中國，恐怕有很多事情中國也可以借鏡於暹羅。」我的情感雖使我對於這話很爲難堪，可是我的經驗使我覺得這話並非全無根據。我回想七十年前的日本，有許多事情還要效法中國，然而差不多四十年前，國人已有唱留學西洋不如留東洋的論調。從前俾士麥與黃公度曾勸我們注意我們的東鄰，我願國人今後不要蔑視我們的南鄰。

據最近報章登載，暹羅已把她的國名改爲泰國了。爲什麼暹羅要改國名爲泰，從表面上看起來，理由雖很簡單，可是骨子裏恐怕未免別有用意。

我們知道，泰是現在握暹羅政治權的種族名。泰的意義是自由。據泰人說：他們自稱爲泰人，自稱其國爲泰國，或蘇口胎京(Sukotai)。蘇口胎爲泰族建國元勳希因他拉蒂 (King Sri In-taratitya）的發祥地。這是十三世紀中葉(一二五八)的事。泰人以爲暹羅這個名詞是出自中國，而英文 Siam 是來自印度。這不只是一般泰人的意見，就是暹羅很有名的歷史家。如達馬鑾拉查奴帕氏在其暹羅古代史裏，也這樣相信。我以爲暹羅這個名詞，固是出自中國(明洪武十年始連用這兩個字，雖則暹羅斛國已見諸元史)。英文 Siam 這個名詞也是從中文暹這個字而來。關於這一點，我在第一章已經詳細論及。我們在這裏所要注意的，是從泰人看起來，無論中文的暹或英文的 Siam。這些名詞出自中國也好，出自印度也好，均非他們固有的名詞。暹羅現在既在泰人統治管理之下，泰人不願意以泰族以外的人們所稱呼的國名以爲國名，而要以自稱的族名以爲國名，這是很容易明白的。

可是爲什麼到了現在暹羅的泰族，才把牠改爲泰國呢？原來在十三世紀中葉以前，泰族雖已散居在暹羅各處，但在政治上，並沒有什麼勢力，傳說蒙古人旣滅大理之後，泰族始大幫的從雲南遷到暹羅，與已在暹羅的泰族，聯合起來始能抵抗在暹羅的異族，而建立蘇口胎京。

泰族雖在這個時候建立蘇口胎京，可是在暹羅，除了泰族外，還有他族與強有力的柬埔寨人。大概說來，自十三世紀至十六世紀，泰族與柬埔寨的爭端，必定很多。十六世紀後，泰族與緬甸的戰爭，又史不絕書。暹羅曾兩次被緬甸人征服，一爲一五六四年，一爲一七六六年。直到鄭昭恢復大城(Ayuthya)，建都曼谷（一七六七年）以後，泰族在暹羅的政治地位，始能穩固。鄭昭是暹羅近代的建國元勳。他本來是中國人，可惜後來却爲他的女婿暹羅人丕耶卻克里(Pya Chakkra)所誣殺而取其位。

據暹羅政府在一九二六年出版的暹羅一書說，鄭昭是在一七八二年被迫退位。而其原因有三：第一，因爲他是一位外國人；第二，因爲他多用他的親戚作政府高級官吏；第三，因爲他個人的習慣不好；所以暹人（泰人）纔不欣喜他。我們以爲假使這些原因就是鄭昭被逐的眞原因，那麼鄭昭的被逐，顯明的是因爲種族的不同與文化的差異。所謂外國人與多用他的親戚，都可以說是種族的問題；所謂習慣不好，却可以說是文化的問題。質言之，就是泰族民族文化與中華民族文化發生衝突。換句說，就是泰族民族主義發展的一種表示。

一七六七年以前，泰人在暹羅既忙於聯合本族，與抵抗異族，他們自然不會顧及國名這個問題。一七六七以後，而尤其是近數十年來，泰族在暹羅的最大問題，是建立西化的國家，與泰化暹羅的異族。暹羅在十七世紀丕耶納萊(Phya Narai)的時候，已極力接受西化。自拉瑪第二(Rama II)（一八〇九年）以後，又不斷的與英法兩國發生不少的糾紛，因而愈感覺到西化的必要。同時他們又深受了國家主義的影響，所以拉瑪第三之放棄閉關自守的政策，拉瑪第四之努力學習英文，拉瑪第五之兩次遊歐，都可以說是企圖建立西化國家的明證。暹羅民族共有二十多種之多，不但是泰族以外之各族合計起來比泰族人數多得多，就專以華僑的人數來說，也比泰族爲多；又加以經濟上的力量，差不多完全操於異族，而尤其是華僑之手，故泰族對於泰化異族這個題，至爲重視。比方他們奬勵華僑與暹女結婚，強迫華僑子弟讀暹文，以至反對與中國交換使節，都可以說是泰化暹羅異族的明證。

我們明白暹羅既正向着西化的途程上走，所謂泰化暹羅異族的結果，也是趨於西化。暹羅的泰族也能看到這一點，但是他們也明白，所謂泰族的文化，也是外來的東西。大致上，是中國與印度的文化的混合品。質言之，他們的目的是在泰族統治之下而建立一個新國家。現在這個新國家的基礎已經成立，說不定他們要想進一步而號召暹羅以外的泰族。這可以說，是從國家主義而趨於民族主義。

有些人類學者認雲南的僰夷或擺夷、白夷、蒲蠻，四川的僚及土人，沙人，貴州的仲家或水家，廣西的僮與儂，都是泰族的支流。中國雖非與暹羅直接毗連，但是在暹羅的泰族的民族主義的澎漲的時候，我們不能不加以特別的注意。

不但這樣。我們所知關於暹羅的史料，也很不完備。連十八世紀關於鄭昭的傳說，以至十八世紀以後的記載，都不可靠。可是暹羅近來有些主政者，因政治作用，極力宣傳唐代的『南詔是他們的祖國，中國的南部是他們的故鄉。』同時還有些外國學者像胡特(Wood)們，且把暹羅的歷史拉長到漢代的哀牢。暹羅的泰族對於其近代史，尚未好好的整理，而却急急於其古代史的研究，急急於尋找其民族的來源與故鄉的所在，這種用意也不能不使我們加以特別的注意。

總而言之，暹羅改國名為泰國，不能不說是想利用民族主義作號招的一種表示，我所以說暹羅的國名更改，是別有意思，就是這個原故。

可是泰族這種的民族主義，却有了很大的錯誤和不少的矛盾。第一，十二世紀以後，在暹羅的泰族，雖自稱為泰人，可是在十三世紀以前，泰這個名詞，是否由於泰人自稱，却很可疑。照我個人的意見，泰字的來源也許出自中國的撣字。關於這一點，我在暹羅的國名一章已經指出：『英文所謂撣，大概是從齒音的撣而來，現在暹人所謂泰，大概是從舌音的撣而來。』假使我這種看法是對的，那麼泰這個名詞，也許不是始於泰族，而是外來的了。

第二，他們忘記了在暹羅境內，除了柬埔寨人，老撾，馬來由，緬甸各種人外，還有三百萬至五百萬的華僑。暹羅全國人口只有千萬左右，而泰族所佔的人數還只是少數。假使泰族而要以民族主義去號召暹羅的泰族，那麼不但愈要引起中國人以這種主義去號召在暹羅的華僑，就是法國人也可以借這種主義來保護或干涉在暹羅的柬埔寨人與老撾人，英國人也可以借這種主義來保護或干涉在暹羅的馬來人與緬甸人了。這麼一來，所謂泰族的民族主義，與所謂暹羅的國家主義，豈不是互相衝突嗎？

第四章　暹羅的歷史

暹羅史料的缺乏，不但是一般外國人之研究暹羅史的覺得困難，就是暹羅人之研究暹羅史的也覺得困難。大體的說：十四世紀中葉以前的暹羅歷史，除了中國方面有了多少記載外，在暹羅方面或其他方面却少有記載。十四世紀中葉以後的暹羅歷史，雖散見於片斷的碑文，然而大都缺乏系統，很不完備。連到十七世紀暹緬戰爭與鄭昭復國的事實，也少有留傳。

其實，直到最近，暹羅本身就少有歷史家與歷史的記載，二十年來暹羅的許多學者，雖盡力找尋材料，積極的建設暹羅的歷史。然而這些歷史，而特別是暹羅的古史，還不過是一個謎題，和一個推論。這種謎題能否解答，這種推論能否證實，都成疑問。

近年來，雖有了幾本關於暹羅歷史的著作出版，然而這些著作，特別是關於古史方面的，不但多不可靠，並且往往近於揑造事實，以惑觀聽，錯解史料，以事宣傳，這是稍爲涉獵這些著作的人都能明白的。

據我們所知的暹羅史，在英文方面最流行的要算胡特的暹羅史。而研究暹羅歷史最著名的要算達嗎鑾拉査奴帕親王，他在朱隆公大學(University of Chulalongkorn)演講的暹羅古代史（中譯王又中），這是一般研究暹羅史者常用的參考書。一九二六年暹羅政府又出版過一本暹羅，也是用英文發表的。此外，又如曼谷日日郵報所出版的暹羅現代史（中譯王又申），以及暹羅學者郎葦吉懷根（Luang Wijit Watkan）之關於暹羅史的著作，都可以爲研究暹羅史的參考書。

曼谷日日郵報所出版的暹羅現代史，除了一章對於四百餘年來法郎與泰族的關係，略爲敍述之外，其餘各章多只說及近數十年來的史實，而且敍述得比較詳細的是第五世皇一代文化各方面的設施，特別是注重於暹羅西化的史略。書中共分爲十八章。其所敍述的範圍爲地理，氣候，國體，邦交，國家之進步，喳咯哩王族，曼谷鐵道，路政，自來水，司法，水利，軍事，航空，教育，郵電，紅十字會，王家學院，法郎與泰人之關係。我們看了這些標題，就能明白其中所敍述的都是西化的東西，我們簡直可以叫它爲暹羅西化史。所以在法郎與泰人之關係一章裏，著者曾經說過：『暹羅國家之能臻於進步備極文明，其基礎得自西人，已無疑義。』平心而論，暹羅近數十年來之能臻於進步，正如這本書裏所說，其基礎係得自西人；可是暹羅是否已備極文明，還是疑問。這本書處處都顯出暹羅的泰族自尊自大的口氣。比方，在同段裏著者又說：『暹羅工藝科學之能譽全球，亦由於泰人與自古迄今稱爲法郎之西人得來。』自然，假使暹羅有了一些工藝科學，固由西人得來，然而所謂暹羅工藝科學能譽滿全球，那只是暹人自吹的話。直到現在，暹羅還是一個工藝以至科學最落後的國家，試問暹羅有什麼工藝科學是譽滿全球的呢？總而言之，暹羅從來是被人目爲野蠻的國家，在數十年內能夠努力西化，而成爲南洋的自由與獨立的國家，這是値得我們注意的，値得我們羨慕的。但是若說現在的暹羅的西化，已備極文明，那是近於自欺欺人的了。而且這本書既名爲暹羅現代史，對於暹羅的許多重要的文化生活，如佛教等，差不多完全沒有敍述，同時，對於暹羅的固有文化之尙在流行的，也完全沒有提及，這就是我之所以說這本書可以叫做暹羅西化史的原因了。這本書所敍述的範圍既只限於暹羅西化的發展，同時處處又表現出暹羅泰族自尊自大的口氣，因此遂失去了歷史的價値，而近於一種宣傳的作品。這是閱了這本書的人最能感覺得到的。

暹羅政府所輯暹羅這本書，更是一本帶有宣傳作用的作品。書的版本，比起普通的書籍，要大一倍有餘，書皮固弄得很好看，紙質也極精美，而且裏面又有很多的插圖。假使我們說曼谷日日郵報所出版的暹羅現代史爲暹羅第五世皇宣傳其政績的話，那麼暹羅政府所出版這本暹羅，又可以說是爲暹羅第六世皇宣傳其政績的了。從標題上看起來，這本書雖是一本敍述暹羅從古代到現代的歷史的著作，可是事實上，這本書對於暹羅在十三世紀以前的歷史，完全沒有提及，同時對於敍述十九世紀以前與十四世紀以後的歷史的篇幅也較少。這一本注重於現代史的著作，因爲牠是一本宣傳的著作，所以處處都暴露出暹羅泰族主義的澎漲。有不少的史實，却因此而被他們曲解，比方：在讀該書關於鄭昭一段的敍述，就有了很多的曲解和錯誤。鄭昭明明是被他的女婿卻克里（Phya Chakkri）殺死而篡位的，該書却說被迫退位，而以爲他的被殺的原因是昭爲外國人，多用親戚及習慣不良，其實沒有鄭昭，暹羅恐怕永無恢復故土，得到獨立的機會。所謂多用親戚不過是假托之詞，而況鄭昭以後的暹羅皇帝，那一個不是任用親戚呢？至於說習慣不良，更非確論。鄭昭是暹羅人民所謂爲聖明的君主，暹羅史上絕無僅有的人物，暹羅政府說他習慣不良，這只是掩飾泰人自己醜態的說法，而也是欺騙一般民衆的手段。最可鄙的是，有些暹羅人往往宣傳鄭昭後來因神經錯亂，不能處理國事而退位，『欲加之罪，何患無詞』，這些話正是因爲暹羅政府而說的。卻克里雖然害死了鄭昭，篡其王位，但是他在朝貢清庭的表裏，還自承他是鄭昭的兒子，這又豈不是自欺欺人的嗎？

達瑪鑾拉查奴帕的暹羅古代史，雖名爲古史，可是他所敍述的也是偏重於十四世紀以後的事情。這是一本小册子，但因爲著者一向是被認爲暹羅最著名的歷史家，所以他這本書的影響極大。這本書裏牽強附會的地方就更多了。比方：他以爲暹羅的泰族乃發源於中國南方，如雲南，貴州，廣西，廣東各處，後來因爲孔明征西南孟獲，泰人不能抵抗，因而有一部份的泰族才移居暹羅。據他說唐代的泰族，就稱爲南詔。云：

直至元始祖忽必烈可汗在中國就皇帝，始於佛曆一千七百九十七年（西曆一二五四）調動大軍征伐泰國，至入緬甸境內。自彼時起，以至今日泰族原有土地，乃盡淪落而變成中國領土。……泰族既被侵擾，放棄故有土地，遷徙而南者日多，蘭邦（今日之怕呀甫省）之泰族，因之勢力大振，不再受考木（東埔寨）之任意宰割，乃起而反抗，時有權如附庸之太守二人，一爲帕龍王族之邦央太守邦剛套，一爲辣得太守耙蒙，會師進攻蘇口胎城，與考木人激戰，敗之，遂於佛曆一千八百年（一二五七）佔領考木北方重鎮之蘇口胎城。然後共推邦剛套在蘇口胎卽王位，稱曰希因他拉蒂王。此實爲暹羅國內泰族之第一君主。

凡是有歷史常識的人，對於達嗎鑾拉查奴帕的說法，都不能不發生疑問。諸葛亮南征孟獲時，不但雲南人口稀少，就是四川南部的人口也不多。據說諸葛亮雖七擒孟獲，然而他也七放孟獲。孟獲既不因諸葛亮的多次征伐而逃到暹羅，孟獲的部下與人民也決不會因他的征伐而逃避到那麽遠的地方。就是有了也不過是個人的移動，而非團體的移動。而況當時人口稀少，交通不便，諸葛亮既不佔據這地方，又不遷移蜀民到這些地方，所謂泰族被迫而南遷，豈非牽強附會？同時，孟獲是不是泰族的領袖還有疑問。其實雲南究竟有沒有過現在暹羅的泰族，也是疑問。而唐代的南詔，是不是泰族的祖宗，現在都沒有正確的證據。至於蒙古滅了大理，大部分的泰族南遷而聯合三國時南遷暹羅的泰族，得以增加其勢力，使能戰勝柬埔寨人，也是荒謬之論。三國與元代相隔差不多千年，假使三國時而眞有少數泰族從雲南遷到暹羅，這些少數的泰族，必被暹羅原有土人所同化，那麽就使元初雲南有了泰族南遷，決不會像達嗎鑾拉查奴帕所想像的有了民族的意識，而能聯合起來驅逐柬埔寨人。且元滅大理既是在佛曆一七九七年（西曆一二五四），而泰族在蘇口胎建國卻在佛歷一八〇〇年（西歷一二五七年），相隔只有三年之久，雲南的泰族與暹羅的泰族，在時間上相隔千年之久，在空間上又離開萬里之遠，加以從前交通不便，民族思想尚未發展，而能在三年內遷到暹羅，又能結合起來，驅逐勁敵，豈非夢囈？而況據中國史書所載元滅大理之後，仍用段氏治理其地，那麽元朝雖滅大理，大理原有皇室，尚可治理其地，大理人民何必遷去暹羅？

這不過隨便舉出這本書裏的一段，加以批評，然而達嗎鑾拉查奴帕所著暹羅古代史的牽強附會及其錯誤之處，已可概見了。

胡特的書，對於從古至今暹羅歷史的敍述，比較完備，但他卻把暹羅的歷史拉長至漢代的哀牢。而以哀牢爲泰族之祖宗。這種說法，大概是受到達嗎鑾拉查奴帕的暗示。因爲他據新唐書南蠻列傳所載，南詔爲哀牢之後，就依達氏的說法，把暹羅的歷史拉長至漢的哀牢。其錯誤自不待言。上面已經說過武侯南征與元滅大理，所謂泰族南遷到暹羅的假設，既未證實，以南詔與哀牢爲泰族祖宗，當然也是疑問。中暹交通遠在三國之前，宋史有羅斛的記載，而元史述及暹國、羅斛的地方尤多，但是關於暹羅泰族來自中國的記載，完全找不出一字來。所以暹羅泰族來自中國之說，實屬無稽之談。在這本書頁五十五，胡特又說：何子志（按胡特譯爲 Haw Chan Chi）曾與蘇口胎王朝訂過條約，然據元史外夷列傳云：

何子志皇甫傑於至元十九年（西曆一二八二）使暹國，舟經占城，皆被執，二十年正月占城國王殺何子志皇甫傑等百餘人。

何子志出使暹國，尚未達目的地而中途被殺，則胡特所謂與蘇口胎王朝訂過條約，未知有何所據。

其實，暹羅不但自蘇口胎王朝以後至鄭昭的五百年間，史料缺乏，就自鄭昭以後百餘年也很不完全。暹羅的泰族不好好的整理鄭昭或蘇口胎王朝以後的歷史，而急急的注意於蘇口胎王朝以前的歷史，這種少有根據的著作，不能不說是揑造謠言，缺少歷史學上的價值。

第五章　暹羅的概況

暹羅是一個使人迷戀的地方，因爲牠旣有豐富的物產，又有美麗的風景。暹羅因爲氣候的關係，土地肥美，加以湄南直貫南北，支流縱橫東西，所以全國各處，不是農產品出產的區域，就是山林生長的地帶。東北一帶，因爲地勢較高，山坡較多，水量較少，土壤較瘦。但近年以來，暹羅政府對於振興水利，不遺餘力，所以這些地方，在將來農業的發展上，亦當有無限的貢獻。

湄南從高處下流，水勢頗急，然也有許多的地方，河面平靜，河之兩旁，古木參天，假如駕了一葉扁舟，隨波逐流，那眞使你胸曠神怡。在大城，在曼谷的河面上的許多新式水簰，是一般富有人家的水上別墅，旣涼快又雅緻，遊息其間，比之高樓大廈，舒服得多。

曼谷是暹羅的首都，以前蚊子相當的多，所以有些華僑叫做蚊國（按廣東各種方言蚊音近於曼）。然而近數十年來，暹羅政府對於衞生方面，逐漸改良，蚊子已經減少得多。曼谷是被稱爲東方的威尼斯（Venice）。靑邁是我們歷史上所傳的八百媳婦的地方，風景雅緻，人物秀麗，天眞爛漫的小姐，穿起五光十色的衣服，不但暹羅人有娶妻必到靑邁的俗語，就是一般的外國遊客，也多有不到靑邁不見暹羅的感想。

因爲土地肥美，天然物產如米，木，蔗，煙草，椰子，水菓，樹膠，礦產，至爲豐富，目下暹羅出口最多的要算米，約佔全國出口貨百份之七十。在暹羅，差不多到處都有「米較」。此外，木料亦著名於世界，恰奇木尤爲最好。所以木廠在暹羅也特別多。暹羅的天時與土壤極宜於種稻，一般農民從播種一直至成熟收穫，用不着什麽人工。還有一種稻叫做水稻，是隨着水平的增高而長高的。水高一寸，稻高一寸，所以縱使大水來了，稻也不會爲水所浸淹。至於水菓如芭蕉之類，則遍地可見。又在雨量最多的時候，這就是秋夏兩季，在院子裏，在山坡上也可以捕魚。在暹羅，只要一個人願意勞作，是不會飢餓的。因爲暹羅木料豐富，房屋的建築多數用木，同時，又因爲氣候較熱，房子的建造方法，比較單簡。據說在暹羅，有些地方一個人要有建造房子的技能，人家才肯把女子嫁給他爲妻。一個普通人所能建築的房子，假使過於困難，那麽這些地方的人能夠結婚的恐怕也沒有幾個人了。所以建築房子，既是一般人所應有的技能，同時木料又很爲豐富，暹羅人對於住的問題就比較容易解決了。在暹羅，又有一句俗語：『一條布可以過活一生』，現在情形雖然變更，可是因爲氣候的關係，衣服也比較的簡單。總之，暹羅因爲天然物產的豐富，與氣候的優美，暹羅人在衣，食，住各方面的問題，都比較容易解決。

暹羅的衣，食，住問題，固比較容易解決，就是政治上，也可以說是上了軌道。暹羅本是一個專制政體的國家，然而經過幾次革命之後，已逐漸向民主之路。近來軍人專政，雖是像德意一樣偏重獨裁，但是獨裁本身，既不是一種永久的制度，同時暹羅又不會恢復以前那種君主專制政體，那麼將來大概仍是跟着民主政治的方向而跑是無問題的。暹羅的內部的統一的基礎，經過第四、第五、第六三個能幹的君主的建立，已很穩固。所以近年來，雖有過幾次的革命，可是不但對於人民的生命財產及國家的元氣，沒有什麼損失，反足以證明以後不容易發生劇烈的內亂。記得有一次我和朋友從哎叻搭火車到烏汶途中，看到了一對夫婦和三位小孩上車，因為那天二等車很擁擠，那位男的很客氣的請我們給一個位給他一個小孩，我們除了讓開一位小孩的位置外，還請他同坐在一起。後來，在談話中，知道他是一位新上任的省長，當然，暹羅的省不像我們的省那麼廣大，同時省長的位置也不像中國的那麼重要，但在暹羅卻也是不易得到的地位，新上任的省長不坐專車，且不坐頭等車，已使我奇怪，最使我驚異的是他到目的地的時候，除了省政府三數位高級職員到站迎接外，民衆好像完全不知有其事。什麼歡迎標語與儀式都看不到，而且，在他下車和迎接的人握手之後，夫婦兩人同迎接的人一同跑到行李車裏幫忙脚夫搬行李。一省之長，出入尚且若此簡單，至於各級政府人員的簡單，是用不着我申說的了。

暹羅治安的良善，比之許多國家都無愧色。好幾位英國商人曾對我說過：暹羅的警察制度，比起英國的警察制度好得多。也許這些英國人太過謙讓，或是說的太過，然而假使暹羅的治安不好，警察不負責，他們也用不着這樣的稱贊。據好多人說：在曼谷那麼大的都市裏，重大的案件固然少有發生，小案也比較的不多見。就是發生了，也多能破獲。從南邦至菁來一帶，差不多都是森林峻嶺，據四五年前幾位汽車司機說：自開闢長途汽車路以後，汽車往來，日夜不絕，可是刼案從不發生。暹人住宅，旣多用木板構造，而且相當的簡單，門戶幾等於無，但無論在通都大邑，窮鄉僻壤，刼案幷不多見，這也可以證明暹羅治安的良善。

暹羅的內政，相當的好，國際地位也並不低。在暹羅國境裏，我們找不出一片租界。暹羅曾失過治外法權，暹羅關稅也曾受過限制，然而暹羅能夠發奮圖強，又得到外交部長大來托把攀(Traides Pratandh)與其顧問美人塞爾(Francis Sayre)的努力交涉，已使這些恥辱差不多完全廢除，暹羅人自稱自爲泰族，泰的意義是自由，我們試一看南洋各處除了暹羅能屹然獨立外，沒有一片地方不是西洋各國的殖民地，就能明白暹羅實在不愧爲自由的民族。雖然近來暹羅政治上，親善日本，排斥中國與英法，是一種很大的錯誤，然而暹羅怎麼樣的能夠得到自由，怎麼樣能夠得到獨立，是南洋各處民族的很好榜樣，暹羅怎樣的能夠取消領事裁判權，怎麼樣的能夠廢除不平等條約，是我們中國應當特別注意的。

在交通方面，暹羅旣有一條大河，直貫南北，而且有了好多支流，故交通極爲利便。五十年前，政府對於鐵道的建築提倡不遺餘力，現在鐵道網遍佈全國。以曼谷爲中心，東南西北都有幹線，此外尙有支線，凡是沒有火車可達的地方，差不多都有公路。航空事業，近年來也極發達。至於各種交通的管理，成績也極可觀。火車的淸潔，公路的平坦，都是我們國內所不容易多見的。自然，暹羅幅員不過中國十五分之一，交通的設施，容易辦理，然而我們不要忘記：暹羅是我們過去的藩屬，同時又是我們從來所目爲文化較低的國家，暹羅能在最短期內，有了這樣的交通工具，也是值得我們注意的。

暹羅的教育也很發達。從前暹羅教育，操諸寺院之手，一八七一年後，政府就創辦新教育，除了暹文學校之外，另設英文學校。一八九一年頒佈了新學制，三年後成立了教育部。一八九六年，開始發展高等教育，而女子教育的學校亦於一八九七年設立。

暹羅自政府實行強迫普及教育之後，現在國內無論男女，識字者爲數很多。在小攤上的婦女，沒有買賣的時候，翻閱書籍。街頭車夫，沒有生意的時候也看看報紙。這固由於政府提倡之力，然猶得力於暹羅文字。暹羅使用拚音文字，普通人讀了三兩年就能寫信作文，假使已懂暹話，那麼認識暹文，更爲容易。

暹文易讀，不但在掃除文盲與探求智識上有很大的方便，就是在同化異族上也有很大與很快的功效。在暹羅的東北部主要的是老撾人。佬人有佬人的語言，自被暹羅人征服後，暹人利用其簡易的文字去同化佬人，結果佬人不但在語言方面逐漸趨於暹化，在文化的其他方面也逐漸的暹化了。這種同化政策，不但施於佬人，而且施於華僑。其施行的方法也是從強迫華僑子弟讀暹文入手。至於因文字的易讀而使文化的其他方面受益的地方也不少。

佛教是暹羅的國教。暹羅的帝王以前很能利用宗教去管理人民，去統一國家。第四世皇在未就位之前，就做了許多年僧侶，他自己曾創設佛教的他密恰加派。想用嚴格的律禮以訓練國民，而與暹羅原有的馬尼加以派相對峙。佛教既是暹羅的國教，國家政府公共團體以至個人的重大典禮中多行宗教儀式。國王登位，固有宗教儀式，飛機場的落成禮，也有宗教儀式，一個人的生死，婚姻也往往舉行宗教儀式。而且暹羅男子生平必作過僧侶，纔能得到精神上的解脫。父母希望兒子這樣做，兒子也覺得這樣的做是孝順父母。因爲在暹羅，寺院遍地都是，僧侶隨處可見。僧侶都是穿黃色服裝，暹羅被稱爲黃衣國，即爲此故。暹羅男子爲僧侶的時期，有些數月，有些數年，有些終身；有些在結婚以前，有些在結婚以後。凡是僧侶都要剃髮，都要衣黃衣。僧侶早間持一飯器到外間化募，一般民衆對於他們既很崇敬，所以也很樂意佈施。有些人說：在暹羅，一個人是不會害怕餓死的，因爲假使找不到飯食的話，可以到寺院裏當和尚。

有些人以爲南洋各處的民族不大開化，所以對於禮節必然是不會講究的。其實，暹羅之尊重禮節，比之許多所謂文明的國家還要厲害。朋友親戚見面必合掌爲禮，就是沒有認識的人，假使行過人家身旁，也必曲腰示敬，這不但在家庭裏或在宴會時爲然，就是在火車中，在公共場所也是如此。假使我們的衛道先生到過暹羅，免不了也要嘆道：禮失而求諸野罷。

上面隨便的把暹羅的一些現況加以敍述，其目的無非要使國人明白現在的暹羅，已不是我們從前認爲蠻荒的暹羅了。暹羅在過去的數十年內。有了劇烈的變化，有不少的進步，我們的一個屬國，變爲一個自由與獨立的國家，已值得我們的自省，而況現在的暹羅，有了不少的東西。是值得我們借鏡的呢！

第二編

第六章　暹羅與華化(上)

暹羅與中國的關係，從歷史上看來，至爲長久。

明史外國傳說：暹羅卽隋唐赤土國，隋書南蠻傳謂：赤土乃扶南之別種，晉書西南四夷列傳有扶南國的記載云：

武帝泰始初遣使貢獻，太康中又頻來，穆帝升平初，復有竺旃檀稱王，遣使貢馴象，帝以殊方異獸，恐爲人患，詔還之。

近代許多學者都以爲古扶南國，就是今日的暹羅地，我們看了貢獻馴象的記載，就可明白這與暹羅大概總有了多少關係的。其實，中國與南洋各國的關係，有二千年以上的歷史，漢書地理志已有漢使從雷州半島到南洋各處的記載，三國時吳康泰曾出使扶南，那麽中國與暹羅的關係，至少在三國時代，或三國以前了。

隋書南蠻列傳關於赤土的記載，頗爲詳細。據說隋煬帝大業三年，屯田主事常駿，虞部主事王君政等請使赤土，煬帝很爲欣喜，並且遣齎物五千段之多，以賜赤土王。常駿等到赤土後，大受赤土王及其國人的歡迎，其大方丈告訴常駿道：今是大國中人非赤土矣，後來赤土王又派其子那邪迦與常駿來中國晉謁煬帝。

唐代關於赤土的記載很少，宋代更為不多。宋史與趙汝适的諸蕃志，雖有關於暹與羅斛的記載，可惜太過簡單，但是唐宋時代，中國與南洋的交通極為發達，中暹關係應當較為密切。元史之關於暹國與羅斛的記載，有了十六處之多，其中有十二處是述及暹國，三處述及羅斛，一處述及暹國與羅斛。這些記載很為簡單，除元至元十九年六月命何子志為管軍萬戶使暹國，與同年十月萬戶何子志，千戶皇甫傑出使暹外，餘皆述暹國與羅斛來中國朝貢。然而從這些簡單的記載中，我們可以想到中暹使者往來次數之多，同時也可以推想中暹的交通必定很為發達。據島夷志略的著者汪大淵告訴我們：元至正年間他曾乘賈舶浮海到暹羅與南洋各處，可以證明我們這種推想是不錯的。又據這本書暹國條云：至正乙丑（一三四九）夏五月暹國降於羅斛國。

暹文與西文方面的書籍，關於中暹古代交通的記載很少。暹文的著作，最著名的要算達嗎變拉查奴帕的暹羅古代史（王又申譯本）。西文方面要算胡特氏的暹羅史，然而這兩本書所搜集的材料，有許多地方是不可靠的。這一點我在暹羅的歷史一章已經說過了。

可是，暹文與西文書籍之述及拉瑪克賓項王(Rama Kamheng)來中國及傳播中國文化於暹羅的事實，似有多少可信。據元史卷十八至元三十一年（一二九四）七月甲戌『詔諭暹國王敢木丁來朝，或有故，則令其子弟及陪臣入質。』按敢木丁就是Kamheng的譯音，暹羅皇帝按照數目字而叫則爲拉瑪第一，拉瑪第二(Rama I, Rama II)，中國方面不譯其首音，故僅稱敢木丁。

達瑪鑾拉查奴帕的暹羅古代史裏曾說：

尚有一事足以表示拉瑪克摩項王(Rama Kamheng)之英明者，即曾兩次入中國也。中國方面之記載極爲明白，佛曆一千八百三十七年(西曆一二九四)到中國一次，至佛曆一千八百四十三年(西曆一三〇〇年)又去中國一次，暹羅歷史所載暹國君主之曾親歷異邦，謀修盟好者，一爲拉瑪敢木丁，一爲叻嗒哪勾辛本朝之朱拉鑾干拉瑪第五世皇而已。拉瑪敢木丁之往中國，係負何種任務，回來之時，得到多少成績，尚未都明瞭，據今日之已得推知者，只敢木丁曾帶來中國磁匠，以燒製杯磁出售，其磁窰有設於蘇口胎京者，有設於希薩那賴者。敢木丁時代所製造之杯碗，人皆呼爲桑甲洛磁器。調查今日尚存之磁窰舊跡，推知磁匠之多，尚有數百，其出產並暢銷國外，一如今日之邦達悩希窰，但製造之時間幾何，何時停製？則尚不得而知。

關於中國磁器之傳入暹羅，塞巴斯提安(E, G. Sebastian)在暹羅會的藝術部(The Fine Arts Section of the Siam Society)的演講詞裏，曾經加以說明。這篇演講詞，登在一九二四年三月五號的曼谷日報。照塞巴斯提安氏的意見：中國磁器之傳入暹羅，乃因宋室南遷以後，中國北磁器也因之而南傳，以至暹羅。他以爲在暹羅故都蘇口胎所找得的磁器，多與直隸磁州(Tzu Chou)之磁器相同，蘇口胎朝敢木丁所帶的磁器工人，到了暹羅以後，見得薩文克樂(Suwankalok)製造磁器的材料，比之蘇口胎優美得多，因遂遷移蘇口胎的磁器窰到薩文克樂。他又指出在顏色上，暹羅磁器是模仿宋代的淡綠色，(Celadon)在圖樣上，最初暹羅也效法中國，注重花草人物，不過後來逐漸的暹化，而替以暹人所欣喜的動物圖案，如象與魚等。

明代中暹交通極盛，而暹羅華化的記載，較之前代也多。明史卷三百二十四外國傳云：

洪武三年（一三七〇），命使臣呂宗俊等，齎詔諭其國。四年，其王參烈昭毗牙遣使奉表與宗俊等偕來，貢馴象，六足龜，及方物，詔賜其王錦綺及使者幣帛有差；已復遣使賀。明年正旦，詔賜大統曆及綵幣。五年，貢黑熊，白猿及方物。明年復來貢，帝仍卻之，而宴賚其使。時其王懦而不武，國人推其伯父參烈寶毗邪嗯哩哆囉祿主國事，遣使來告，貢方物宴賚如制。……七年，諭中書及禮部臣曰：……「暹羅……諸國入貢既頻，勞費太甚，今不復爾，其移牒諸國俾知之。」然而來者不止，其世子蘇門邦王照祿羣膺亦遣使上箋於王太子。……八年，再入貢，其舊明臺王世子照孛羅局亦遣使奉表朝貢。……十年，照祿羣膺承其父命來朝。……比年一貢，或一年二貢，至正統後或數年一貢云。……崇禎十六年猶入貢。

這可見得明代暹羅朝貢之頻，而且說明除暹王外，其男女親戚也來朝貢。至於中國方面，呂宗俊等奉命使暹以後，出使的人也源源不絕。最著名的要算鄭和了。至於中國人民方面赴暹羅的也很多。暹羅史載洪武十年，暹羅王太子祿羣膺（Prince Nak'on In）帶了好多匠人到暹羅。明史外國傳說：永樂年間『奸民何八觀等逃入暹羅。』天順間『汀州人謝文彬以販鹽下海，飄入其國，仕至坤岳，猶天朝學士也。』這不過是最明顯的例子。此外，一般平民之由陸路或海道之赴暹而不爲政府所注意者，當然很多。明史又載弘治十年（一四九七），政府且訪取能通暹羅言語文字者赴京備用，可見中暹交通之頻。

中暹交通既若是之頻，暹羅之受中國文化影響之程度必定很深。我們現在且略舉例，以示大概：

據達嗎鑾拉查奴帕暹羅古代史云：

那坤因（即祿羣膺）王於未進希啊呦他亞京即王位之前，曾於佛曆一千九百二十年（一三七七）往明都南京，入宮朝見中國皇帝，以後終其朝代，皆與中國修好。中國人之來希啊呦他亞京貿易通商者，想亦必自那坤因王時代開始。在醒布里小河沿岸之瓷窰地方（彼時屬那坤因境內），今日尚有瓷窰痕跡，其爲中國式瓷窰與薩晚喀露及蘇口胎等處之瓷窰毫無差異。據我人之推想：那坤因王必曾步拉瑪克摩項（敢木丁）之後塵，帶領中國匠人來暹燒窰，此亦建設之一道，與歷史上之記載謂那坤因王竭力於整理內政，從未有四出征討以擴張國土之事發生若合符節。

這樣看起來，暹羅之注重中國磁器，可說是達於極點了。

明史卷三百二十四外國傳，述暹羅之風俗云：

崇信釋教，男女多爲僧尼，亦居菴寺，持齋受戒，衣服頗類中國。

然則衣服也受了華化可知。又據大明一統志卷九十，暹羅國志云：

永樂初……其王照祿羣膺哆囉諦剌遣使奈必表貢方物，詔賜古今列女傳，且乞量衡，爲國中式，從之。

那麼，暹羅在照祿羣膺哆囉諦剌時代的量衡制度，也是學中國的了。又明史外國傳云：

『其國（指暹羅）有三保廟，祀中官鄭和。』陳倫烱海國聞見錄云：

相傳三保到暹羅時，番人稀少。鬼祟更多與三保鬥法，勝，許居住，一夜各成寺塔，將明，而三保之寺未及覆瓦，視鬼之塔已成，引風以側之，用頭中插花代瓦，慢覆，今其塔尚側。三保寺塔今朽爛棕繩猶存於屋瓦。

這是神話，然同時也可以證明三保在暹羅的聲名之大。同時，我們也可以推想三保影響於暹羅文化，必非鮮淺，關於這點，我們可以舉一二個例子來說明。暹羅婦人分娩後，雖在天氣很熱的時候，也要赤身臥於板上，烘火數日，烘火時候，最忌避的是有人問「熱否？」「苦否？」這類話。至於初生小孩，聽說每日必浸冷水幾次，直至面白唇青纔抱起來。因爲暹羅人以爲假使他們不這樣的做，必定多生疾病。然而這種風俗之來源，有些人說是三保公所教的。

又如每年九十月間，淡水來時，水味清淡，他們卻多在十月十五日以缸貯蓄，以備水鹹時之用，據說因爲他們相信三保公於每年此日放藥下江，使水能久藏不壞，故這一天他們叫做『聖日』。

清代中暹的關係尤爲密切，順治九年（一六五三）暹羅遣使上貢，並換給印敕。此後奉貢不絕，直到太平天國時代爲止。清史稿載雍正七年，暹羅貢使呈稱：『京師爲萬國景仰，國王欲令觀光上國，遍覽名勝，歸國陳述，以廣見聞。』可見其對中國文化之景仰。同時，我們可以說這些使者對於宣傳中國文化方面，當然出了不少力量。清史稿又載：同年，暹羅『使臣復稱本國產馬甚小，國王命購數匹帶歸。』可知中國馬由是傳入暹羅。此外，帝皇所賜來朝使臣之帶回各種齎物，及使臣在中國所購之貨物，對於暹羅文化方面，必有不少的影響。

在清乾隆時代，有一個中國人叫做鄭昭，當過暹羅皇帝。鄭昭死後，據清史稿載，其子鄭華就位，除遣使告知外，並請受封。這當然是篡鄭昭位的卻克里（Chakri）氏，爲着害怕中國方面的干涉，故僞稱鄭昭之子。而且此後之繼王位者，對於中國方面還稱爲鄭氏，如鄭佛、鄭福，以至鄭明（蒙格克托）等，直至太平天國崛起，暹羅始不再來朝，由此可見暹羅文化各方面的華化歷史之淵遠了。

第七章　暹羅與華化(下)

上面我們略略地述了過去暹羅華化的歷史，以下我們進而敍述現在暹羅文化各方面華化的概況：

我們且先從語言方面說起。胡特氏在暹羅史中說泰族在南詔的時代所用的文字，必定是中國文字。說話方面，大概也有多少中國話，如『省』讀『爽』之類。據暹羅史家的考證，暹羅文字的創造，是始於一二八三年的敢木丁王時代。一二八三年以前的暹羅文字，多採用印度南部之柯倫文字，這種文字後來漸變爲柬埔寨文，用以寫泰語，很爲不便，故敢木丁因乃加以改造而適合於泰語。敢木丁於創文字之後十年，曾兩次到過中國，對於中國文字沒有注意，大概是在他未創暹羅字母之前，暹羅文字已深受印度與柬埔寨的影響，故不得不以印度系文字爲基礎罷。

暹羅文字雖屬於印度系，然皆屬單音，而且深受中國語言的影響。因爲有了許多事物，直到現在，還用中國話，所以有些人說，暹羅語言（文字說話兩者）是以中國語言爲據本，而運用印度的語言爲記載事物的符號。丘斌存先生在暹羅的國情一文（南洋研究第二卷第六號）以爲暹羅的言語十分之七是中國話。這也許未免言之過實，不過在暹羅人的說話中，中國話的成份，是很不少的，比方丘先生曾舉出下面一些例：

三、四、五、六、七、八、九、十、純是中國話。一至十的十個字中，除了一、二、五、三字的聲音不同外，其餘的七個，與中國話完全一樣。如「太陽」暹羅人之說做「日」，「墨水」暹人之說做「藍墨」，「我、你、他」暹人之說做「我、你、他」，「貓」暹人也叫做「貓」，「馬」暹人也叫做「馬」，「騎馬」暹人也叫做「騎馬」，「雞子」暹人也叫做「雞」，還有「銀」「銅」「布被」「高椅」「桌」同我們中國話的聲音一樣的。

其實，在數目字中的二與五，似也與中國語有關係。暹語讀「二」如「爽」或如西文的Song。「二」本有雙的意義，「雙」在廣音，而特別是瓊音與Song很相近的。至於「五」暹語讀如廣音之「蝦」與廣音之五也頗相近。此外又如暹語的炭，婦人，脚，桶，穿，送，磨，聲，住，腰，分，舊，請，脫，官等均可以說是中國話。

華僑之在暹羅者以潮州人為最多，所以在暹羅除了暹語外，潮州話很為流行。因而暹羅語中之雜有潮州話的也很多。

在物質文化方面，暹羅也受中國多少的影響。歷史上所記載的磁器，用不着說，就是其他許多用具，如銅器之類，亦多效做中國的。至於日常生活方面，因暹羅物產氣候的關係，比較上似不大受中國文化的影響。明史外國傳載暹羅僧尼衣服，頗類中國。以現狀而看，無論在顏色上，或様式上都與中國不同。其實暹羅男女原來所穿的東西，根本卽不是我們所謂爲衣服。許多人說：『在暹羅，只有一條布就可以過一生，』就可見得穿的簡單。現在在暹羅各處，也許有暹羅男人或女人是穿中國褲子，或衣裳的，然爲數尚不多。聽說數年前，在曼谷的暹羅女子，以穿中國褲子爲時髦，可是後來被暹羅報紙的譏評，現在已很少見。關於食物方面，飯可以說是與中國沒有什麽分別，雖則煮法不同。暹羅人雖有不少能用筷子與喜歡中國菜，可是這不能算作日常或普遍的習慣。酒似受了中國的影響。現在在暹羅各處的酒廊（製酒處），多由華僑經營，材料與製造法，與中國大致相同。至於住屋，差不多全用木料，式樣與中國也不相同，而且極爲簡單。

但是暹京曼谷的皇宮，與各省會的大建築物，卻受了中國很大的影響。比方：高門闊閥，以及堂闕樓閣的式樣，佈置均與中國皇宮府第，有了很多相同之處。此外又如門前的階級，與屋頂的鵝頭，也與中國的屋宇建築，沒有什麽分別。至於暹羅寺廟的建築，根本雖模仿印度，但其中也有多少中國的色彩，最顯明的如大佛寺的外門之守門各種偶像便是。這些偉大的建築物的工人，在過去，差不多完全爲中國人，故其受中國建築的影響，乃當然之事。我在烏汶參觀了一座新建築的佛寺，見其建築的式樣與工程，與其他的佛寺有不少的差異，後來問一位當事者，才知道這座佛寺，完全由暹人自建。他很坦白的告訴我：暹人自建，在許多方面都不及中國人，可是他們這樣做，一來欲從佛寺裏表示眞正暹羅人的精神與式樣，二來，暹人自建的東西，比之中國人建造的東西，價錢至少減了三分之一。不過就以這座全由暹人自建的佛寺來看，有些地方，還可以找出中國藝術的特色。這大概因爲這些暹羅工人，在無形中受了中國工人的影響罷。

又如，凡是到過暹京曼谷的人，見了圍繞皇宮的龍城，就很容易感覺其與中國的城闉，有不少相同之處。而且龍城之外，別有城闉，彷彿是仿效北京的外城與內城的建築。

其實，在暹羅各處的城，都可以說是受了中國城的建築的影響，比方：蘇口胎是一個歷史較久的城，現在雖然荒敗不堪，然從其城基遺跡來看，與中國的城沒有分別。再如大城雖已拆爲馬路，然而遊過城基馬路的人，彷彿遊廣州的城基馬路一樣。至於暹羅北部的城，如舊城(Miaokao)或青邁等城，與中國城沒有一點分別。青邁城到今尚完整，城的材料如大磚，與中國的一樣。裏面沛以很厚的泥土，也像中國的一樣。此外城上掩身的城垜，城樓，城門，城門的方向以至城內街道的建築，都與中國的相似。他如城闉外面的城河，與外觀，統統與中國的城沒有什麽分別。連到好幾個城的名，也受了華化。比方：舊城(Miaokao)的舊字，是中國話。新城普通叫青邁的「青」也許就是中國的「城」(按暹羅北部許多城鎮，均貫以城音，如Chiengsen, Chiengrai)。

在文化的社會政治組織方面，暹羅受過中國影響的程度如何，頗難指出。然大概來說，兩者決非完全相異。比方從家庭方面來看，據歷史所載暹羅婦女的權柄，比男人還要大，又據許多人說，暹羅風俗是男嫁女，而不像中國女嫁男，這些風俗到現在尙有不少痕跡，不過暹羅華僑的人數很多，而華僑之與暹羅婦女結婚者極多，故其婚姻制度，與家庭生活，宗族觀念，不但一般與華僑結婚的暹婦受了中國多少影響，就是純粹暹羅人的家庭，似也因與中國人接觸而起了不少變化。比方有些暹羅人現在也會把『不孝有三，無後爲大』的信條，來辯護他們多妻的行爲。

關於政治制度方面，據歷史家觀察，唐代南詔曾深受中國的影響。現代暹羅政治制度，根本已經歐化，然好像還可以找出受到中國影響的例子。暹羅人叫『官』作Khun，這與我們叫做『官』一樣。又暹羅官制分爲五等：一爲照佛爺(Jao Phraya)，二爲佛爺(Phraya)，三爲佛(Phra)，四爲鑾(Luang)，五爲坤(Khun)。這與中國的公、侯、伯、子、男五級相暗合。

此外，暹羅一般男女老少，就很喜歡閱中國的舊小說，如三國演義、西遊記等。因爲要迎合一般人的心理的趨向，所以在暹羅的各家報紙，相競翻譯這些小說，逐日登載，以饗讀者。在市場的賣攤上與在商店裏的男女——而尤其是婦女，以至在課餘飯後的小孩，每每聚精會神的披閱報紙，其中很多可以說閱讀着中國的小說。因此在他們的閒談言論中之述及這些小說裏的故事的，也很不少，由此，這些小說之影響於暹羅一般人的思想，可以想見。我從安南搭火車赴曼谷時，車中遇了一位操英語很流利的暹羅人士，當我們談及近來中暹兩國之被強鄰壓迫的苦況的時候，他很沈靜嚴肅的說：『假使悟空與關公這些人能夠再生，那麼我們什麼都可以不怕了』。

暹羅的戲，也受了中國戲特別是潮州戲的不少影響。暹羅古戲極爲簡單，多爲男女各一人或三數人表演。表演者並且自兼打鑼鼓，或奏別的樂器，自中國戲傳入暹羅後，暹羅戲受了影響，不但戲情，動作變爲複雜，就是音樂歌唱，也有了很大的變化。我在暹羅初次看暹羅戲，使我最奇怪的，是有許多地方與潮州戲沒有什麼分別。而尤其是在每個唱戲員唱至最尾聲時，後臺的演員，也同聲而唱，而且有的演員在說白時，每每喜欣說一二句潮州話。原來許多主導暹劇的人，都是潮州人，而演員之中，也有潮州華僑，所以暹劇之受潮劇的影響，是當然的了。

再如暹歷以十二年爲一紀，暹語爲「耶克拉西」(Jakrasi)，暹羅的十二屬生肖與中國的十二屬生肖，如子鼠，丑牛，寅虎，卯兔，辰龍，巳蛇，午馬，未羊，申猴，酉雞，戌犬，亥猪，都相同。十二屬最先見於漢王充論衡，那麼暹羅的十二生肖也許是從中國方面輸入的，雖則中國的十二生肖，據說也非自己創造出來，而是採自古代的突厥。但由此可見暹羅文化的華化之普遍了。

第八章　暹化與華僑(上)

暹羅改國號爲泰，是統治暹羅的泰族的民族主義澎漲的表徵。暹羅民族有二十餘種之多，除泰族外，其人數較多的爲中國，老撾，緬甸，柬埔寨等民族。泰族既是暹羅執政權的民族，所謂汎泰主義的實施，大概來說，是有兩方面的意義：一是企圖聯合暹羅以外的泰族，一是泰化或暹化暹羅境內的其他民族。暹羅以外的泰族，是否能因暹羅境內的泰族改暹羅的國號爲泰而聯合起來，這是一個值得討論的問題。可是我們在這裏，對於這一點，姑置不論。我們所要注意的，是暹羅的泰族的暹化暹羅境內的其他民族的政策。

大致看來，緬甸人與柬埔寨人因爲在文化的各方面，而尤其是在宗教上，與泰族的文化與宗教較爲接近，所以他們的暹化，比較容易。老撾是被泰族所征服的民族，他們雖有特殊的語言與文化，可是因爲他們的文化較低，自被泰族征服之後，泰族用政治的力量去泰化他們，至今他們雖然還保留了一個皇帝，可是這個皇帝，一方面受泰族政府的壓迫，一方面又沒有現代的智識與振作的精神，只當作泰族政府的傀儡，連到老撾人自己也要叫他做『蕃薯王』，意思就是愚笨，照我個人的觀察，老撾人在目前雖仍然留了多少固有的文化，如穿紗籠而不穿褲農之類，但是他們暹化的程度，已相當的深，而且現在正在暹化的途中，所以他們的暹化，是沒有什麼問題的。

因此之故，所謂暹化暹境內的其他民族的最大問題，可以說是暹化華僑這個問題了。

暹羅華僑向來沒有一個正確的統計。可是據普通的觀察，至少有三百萬至五百萬。暹羅全國人口不過一千萬左右，而華僑卻佔了三分之一至二分之一，華僑在暹羅的地位的重要，可以概見。

華僑在暹羅不只是人口衆多，在經濟上的地位，尤爲重要。從大企業如米業與木廠，以至小生意像街攤小販，多在華僑之手。從大都市如曼谷，青邁，以至窮鄉陋邑，都有華僑的足跡，都有華僑的經濟勢力。許多暹羅人以中國人比猶太人，就是因爲華僑在經濟上佔了特殊的地位。他們還以爲遠東之所以無猶太人，就是因爲有了中國人。

在政治方面，一百七十年前，華僑曾作過暹羅皇帝。近來在政府裏，大官員如中央政府的部長，以至小地方官吏，很多都是華僑。暹羅的皇宮與城垣，差不多全爲華人所建築，其受中國的皇宮與城垣的影響最大。此外，在言語方面，戲劇方面像在上章所說都受了中國很大的影響。

總而言之，暹羅文化之受中國文化的影響，至爲深刻，可是傳播中國文化於暹羅的媒介，主要的卻是華僑。

然而恐怕正是因爲暹羅受了中國文化的影響太深，而尤其是因爲華僑的經濟力量太大，和華僑人口的數目太多，所以暹羅的人民與政府，對於華僑特別的顧忌。暹羅近年以來對於華僑在一方面極力加以取締，在別方面，設法使其暹化。

暹羅的政府和人民，暹化華僑積極的方法，大概說來有三種。第一是以婚姻來引誘，第二以教育來陶染，第三是以法律來拘束。我現在且把三種方法分開來說明。

暹羅華僑之中，與暹羅婦女結婚者，究竟有多少，無從知道，不過就普通的觀察，比任何處華僑之與土人婦女結婚者爲多。從客觀的條件上看，這是由於暹羅婦女的人口較多，與暹羅婦女對華僑特別歡迎，可是從主觀的原因來看，這是由於暹羅的人民與政府消極方面限制中國的婦女的入口，與鼓勵華僑與暹女的結婚所致。

據暹羅內務部一九一一年的人口調查，總數爲八、三六六、四〇八，其中男子佔四、一二二、一六八人，女子佔四、一四四、二四〇人。照這個統計來看，女子比男子多了二萬二千零五十二人。然據個人的觀察，女多於男的數目當不止此。中國人口性的分配大致男多於女，暹羅婦女既多於男，那麼華僑之與暹羅婦女結婚的機會當然較多。

不但這樣，暹羅人的婚姻，很爲自由，男女感情若相契投，父母多能順其意志。又結婚手續，比較簡單，所費有限。此外暹女對於華僑又特別歡迎，因爲華僑跋涉重洋以謀生活，多能耐勞受苦。暹羅男子，不但比之華僑較爲怠惰，即比之暹羅婦女，也較爲平庸。在暹羅好幾位教士皆對我說過，華僑與暹女結婚乃天作之緣，因爲兩方面都能耐勞，能吃苦，而且很有才幹，所以不但家務耕種多由婦女擔任，就是市場裏的小生意以至大都市中的大商店，也多由婦女管理。華僑之中，有了不少是爲了發展商業與廣招徠而娶暹女的，因爲在暹羅，而尤其是在暹羅的鄉鎮，做生意的人，必要熟識暹羅風俗，與結交顧客，娶了暹羅婦女，在這方面，都有很大的幫助。

暹羅政府近來頒佈新例，凡外國人，無論男女之來暹者，必須受過相當的教育。故入口時必要經過一種所謂識字試驗。名義上這種法律雖爲一般的外國人而立，可是事實上卻可以說是爲着中國人而特別是中國婦女而設。原來中國男子到南洋各處謀生而受過相當教育者，已寥寥無幾，其妻女之受過相當教育者，更不容易。傳說暹羅政府所以設立這種法律，是因爲近年來在暹羅的華僑多攜國內原來的妻女來暹羅，或專回國內娶妻到暹羅者，因而引起政府通過這種法律，以限制她們入口。

這種傳說，相當可信。我們可以舉出一個例爲證。一九二三年八月二日在暹羅的最高學府朱隆功大學，曾開一個討論會，題目爲婦女有益於國家較之男子爲優。在討論的時候，有人說過下面一段話：『從前華人來暹，僅有男子，在暹娶妻，因其妻爲暹女，故所生子女亦爲暹人，其後男女同來，故所生的子女，卻爲華人』，換句話來說，暹羅的教育界，也以爲中國婦女到暹羅，於暹羅沒有好處。所以在積極方面，要鼓勵暹女與華僑結婚，在消極方面，要限制中國婦女的入口。

暹羅有一句俗話：『有錢考上大人，無錢考到字盡。』這就是說，有錢的華人入口較易，沒有錢的入口較難。然而從法律的立場來看，其限制華僑的入口，並沒有貧富之分。

華僑一方面因爲自己少受教育，一方面因爲忙於謀生，娶了暹羅婦女以後，所生子女差不多完全受了母親的影響，多易暹化，乃意中事。而且有了許多華僑，因爲娶了暹羅婦女，又因爲子女暹化，自己也往往因之而暹化。例如妻子不會說中國話，而只說暹羅話，則在家裏自己也不得不說暹羅話。說話如此，文化的其他方面，也多如此。若再過了一代，則多有不認其爲中國人者。

在教育方面，暹羅政府近年以來，用了各種方法，消極的去取締華僑學校，積極的，強迫華僑讀暹文，華僑學校校長從來是由華僑自任，暹羅政府以收回教育權爲名，命令華僑學校校長，須由暹人充任。目的是要使華僑教育行政，直接受暹羅政府的管理。同時凡在華僑學校授課的教員，須經過暹文考試。原來華僑學校的教員，差不多完全來自祖國，不但不懂暹文，而且不懂暹話。這種考試的目的，無非是排斥來自祖國的教員。華僑學校多爲小學，高中固少，初中也不多。在華僑學校畢業之青年之能爲或願爲小學教師者，既屬少數，其能爲中學教員者，更不易找。來自祖國的青年，既因不懂暹文而不能在華僑學校當教員，那麼華僑學校的教員，不但在來源上因之而缺乏，就在程度上，也因之降低。

此外，暹羅政府又通令華僑子弟從九歲至十四歲者，以暹羅文字爲主要教育，其他各種文字爲副。因而中文每日至多只能講授一個鐘頭，其餘皆要以暹文教授。正如我們的中等學校裏之以中文爲主英文爲副一樣。華僑子弟之入校，既多在六歲以後。一到九歲，就要專讀暹文，則讀中文的時間最多只有三年。讀了中文兩年或三年，中文的基礎尚未弄好，又要改讀暹文，結果，不但中文難於進步，而且往往因此而把以前所認的中文忘掉。暹羅政府之施行這種規例，是故意阻止華僑子弟讀中文，而強迫他們讀暹文。

華僑學校的設立，主要目的是爲教授中文，暹羅政府除了命令華僑學校要以暹人爲校長外，又要教員懂暹文，同時又要學生讀暹文。這無異等於禁止華僑學校的設立。暹羅華僑爲了這件事，曾經提出不少的抗議，然而抗議不但沒有多大的效果，而且有很多的華僑學校因此反被封閉。據暹羅華僑日報二十四年六月二十九日登載，自從拉沙拉氏長教育部後，華僑學校之被封閉者共七十九所。華僑子弟因此而失學者萬餘人，最近來又封四十餘所。暹羅政府宣佈這些教育條例，名義上雖說應用於一切外人在暹羅境內所設立的學校，然事實上卻是針對着華僑學校。據我個人的觀察，英、法、美各國僑民所設立的許多學校，就不在此例。

其實，暹羅政府之對於華僑學校的嚴厲取締，與對華僑教育的加緊統制，可以說是開了世界上各國所無的先例。民國二十五年十月，我到暹羅東部一個地方，叫做烏汶，在那裏的僑胞所設立的正蒙學校，我看了下面一個佈告：

爲佈告事，本校遵照教育部條例，除中文課本外，所有一切中文讀物……不得閱讀。

又在呑武里府的烏克羅縣教育局，命令華僑學生改換暹羅服裝。在南汶一位華僑學校校長對我說，他曾問一位小學生：『你愛不愛中國？』這位小孩的回答是：『不愛』。他又問他爲什麼不愛中國：這位小學生的理由是：恐怕母親要打他。原來他的母親是暹女，她雖嫁了華僑，她卻只愛暹羅。她不但只是自己愛暹羅，還要子女愛暹羅。她不但只要子女愛暹羅，還要子女不愛中國。暹羅文字易讀，女子多受教育。有些人說：她們在學校時，已深受了『愛暹羅』『排中華』思想的影響。這不過是隨便舉一二個例子。然而暹羅政府之欲以教育來暹化華僑，於此可以概見。

暹羅政府，近年以來，頒佈了許多法律，名義上雖爲適用於住在暹羅境內的一般人，事實上多爲限制華僑而頒佈。

譬如在華僑所經營的農場，商店，工廠裏，必須任用暹人。照暹羅政府所頒佈的條例，許多種企業裏，必須有百分之七十五的暹人。又如漁船中不但工人要有暹人百分之七十五，就是船主也要暹人充任。此外又如旅館條例，典當業條例等，無一不是爲着限制華僑而頒佈的。

暹羅政府前數年除在南邦清邁各處，設立銀行匯兌及農民協會等機關以幫助農民之外，又有所謂『吃飯然後還債』的口號。在這種口號之下，暹羅農民之借中國人債的，可以往往抗而不還。從前華僑放債的，除用各種方法去追還外，且得到政府的幫助，現在政府不但不幫助而且往往代人民賴債了。

又如政府公佈法律規定凡駕駛三輪脚踏車者，必須認識暹文，這也可以說是給予一部分的苦力僑胞以很大的打擊。原來在暹羅的人力車夫多爲華僑充任。自三輪脚踏車流行了以後，人力車大受淘汰，以前人力車夫多改駛三輪脚踏車，暹羅政府明白了這些苦力工人之懂暹文者幾等於零，因而有了這種限制，結果是駕駛三輪車者多爲暹人。此外車站挑夫，起貨工人，照政府的規定，只有暹人始能充任。

華僑在暹羅執經濟的牛耳，故暹羅政府近來頒布許多法律都是關於經濟方面的。其目的無非欲減少華僑的經濟勢力。在農、工、商業上，暹羅人的智識經驗，多有未及華僑之處，加之近年以來，暹羅人因爲生活上逐漸提高、生活維艱，他們惟一的辦法，是利用政治法律的力量去取締華僑。而且這種趨勢，愈來愈兇。最近來許多華人銀行之被檢查，華僑有資產者多受嫌疑，例如近來無故檢查華僑商店與華商總會，雖說是有政治的作用，然實際上，卻是摧殘華僑經濟力量的行動。

第九章　暹化與華僑(下)

暹羅政府近年暹化華僑的政策，除了上面所說的積極方法之外，還有消極的辦法。消極辦法，大致的說，也有二種：一是限制在中國人入口，一是反對與中國交換使節。限制在中國人入口的方法，又有二種：一是提高入口稅，一是入口時經過識字的試驗。要到暹羅居住，現在要繳納一百銖以上的居留稅。一百銖暹幣，在平時也要一百五十元國幣。一個中國人要到暹羅，旅費又要花一百多元國幣．兩共起來，要三百元以上。赴暹羅的同胞，差不多完全是勞動界，假使一個人能有三百多元去做旅費與稅項而到暹羅謀生，他可以用這三百多元在國內來做生意的本錢。而況到了暹羅，未必就有工作。假使按照現在外匯的價格來計算，就要五六百元的國幣，纔換一百銖的暹幣，換句話說，一個要赴暹羅作工的中國人，也需要差不多一千元的本錢，這就可不容易了。暹羅政府未嘗不看到這一點，可是正是因爲他們看到這一點，纔用這個辦法，來限制華僑入口。

預備到暹羅的同胞，大多數都是家境窮苦，少有受教育或沒有受教育的機會，暹羅政府又看到了這一點，所以又頒佈了入口識字試驗的辦法。暹羅政府，好像是學了美國人對待黑人的方法來對待華人。美國人有些省份規定人民要能讀美國憲法，纔給他們選舉權，黑人要求這種權利，美國人就要他們解釋美國憲法。其實，憲法的解釋，在美國經過一百多年法律學者的努力，其意義也不見得完全清楚，美國人既不願意黑人有這種權利，就使黑人能夠解釋，美國人也可以隨便留難他們。暹羅所謂入口識字試驗，既沒有一定的標準，結果是正像華僑的俗語所說：『有錢考上大人，無錢考到字盡。』暹羅政府對中國人所試驗的，固是中文，但是暹羅政府隨便可以用這個辦法來禁止中國人入口。因爲無論學問怎樣淵博的人，也未必盡識所有的中國字。假使暹羅政府不願你入口的話，他們可以把字典裏或俗字中所最不常用的字來考問你，除了你認識所有的中國字外，否則你總有因不識字而被禁止入口的機會。其實，這個識字的試驗辦法，比之提高入口稅的辦法，還要厲害，因爲後者總有一定的標準，而前者是沒有標準的。有標準可以預備，沒有標準則無所適從，等於沒有法律一樣。

其實，暹羅政府對於一般新到暹羅的人，用了各種虐待的方法，與蔑視的態度，使稍有血氣的人，都難容忍。一般從馬來半島或從安南乘火車到暹羅的人，入口時，雖較容易，然由陸路赴暹的華僑，人數較少。國人之赴暹羅者，多由汕頭、香港、海口等處乘輪取海道赴暹。到曼谷時，有好幾百人一上了岸便被押入一間小小的居留所，因爲人數太多，空氣不夠，使人眞要悶死。暹羅政府簡直就不把中國人當作人看待。這也不能不看作暹羅限制華僑入口的消極的一種辦法。而這些限制華僑入口的辦法便是防止暹羅華僑的人口過多，而使暹化華僑的政策不易施行。

暹羅政府不願意與中國政府交換使節，是暹化華僑的一種消極的辦法。暹羅政府明白：假使中暹交換使節，則中國派了公使與領事到暹羅後，對於華僑的登記與華僑的保護，都是公使與領事所要辦的事情。可是華僑的登記及華僑的保護，結果不但使在暹羅的三百萬至五百萬人民直接受了中國政府的管理，而阻礙暹羅政府暹化華僑的政策，同時會使全國三分之一至二分之一的暹羅華僑，團結起來。中國人在暹羅的經濟勢力，不但在首都城鎮，佔了優越的地位，就是在窮鄉陋邑也佔有優越的地位。握着經濟的權柄，再加以本國政府的幫助，而團結起來，這豈不是對於暹羅政府最不利的事嗎？

不但這樣，在暹羅無論是居中央政府或地方政府的要職的人，多是華僑或華僑的後裔。假使中國有了公使與領事在暹羅，無疑的要使這些人處於一個很難堪的地位。我們知道華僑愛國的熱情，比之國內之一般人濃厚得多。他們雖在暹羅政府服務，然而這是環境使然，決非出自本心。而且所謂『作番官』，從一般的華僑看起來，並非一件很榮耀的事情。有些華僑說：『在中國作人七，不如在暹羅作人一。』這雖然是一種聊以自慰的話，同時也是一種自貶的話。不但這樣，華僑之中，有的弟弟當了暹羅政府要職而哥哥是華僑的愛國團體的中堅人物。假使中暹交換使節，而辦理華僑登記，則他們必處於一種困難的地位。華僑雖可以不做暹羅官，可是暹羅政府不得不用華僑，暹羅政府看到了這一點，所以對於交換使節，始終反對。

然而最奇怪的是：有些暹羅政府人員，在數年前，藉口中國尚未完全統一，故不能與中國交換使節。我記得七年前，我曾與暹羅的外交部長談話，在談話中，我問他為什麼暹羅政府不願意與中國交換使節：他不躊躇的答道：中國現在尚未完全統一，南京有了一個中央政府，西南又有一個政府。照理，我們可以與南京政府交換使節，不過華僑差不多完全來自西南，我們以往既沒有與南京政府或北京政府交換過使節，我們現在也不願得罪了西南政府而與中央往來。因為了這個問題，我們討論到耳熱面紅。他最後且說：只要中國內部統一，我們對於交換使節是沒有問題的。其實相反的，中國沒有南北之分後，暹羅政府愈為顧忌，所以直至現在，中暹還沒有交換使節。假使中國政府要派什麼僑胞慰問團之類到暹羅，暹羅政府在表面上雖是歡迎，而暗中卻處處監視。甚至私人之到暹羅遊歷者，他們也處處加以注意。我們看看暹羅政府數年以來的親日排華政策，愈覺得暹羅對於中國的惡感，是與暹化華僑的問題，有着密切的關係的。

照我個人的看法，暹羅政府在積極方面與消極方面雖然想出許多的方法來排斥華僑，但事實恰好相反，這不但不易暹化華僑，反而引起華僑的民族意識。在暹羅未改國號為泰之前，暹羅雖也受泰族的統治，不過表面上泰族不以泰族主義去壓迫華僑，暹化華僑，有些華僑對於華泰兩個民族的區別，以至對立，並沒有注意。現在泰族既把這個汎泰主義的招牌掛起來，使在暹羅的華僑，差不多人人都會感覺到他們若不暹化，必被擯斥。同時也會感覺到暹羅的泰族，不但只要暹化他們，而且想伸手到祖國去拉攏所謂中國境內的泰族，離間祖國的同胞，破壞祖國的統一。華僑愛國的熱情，向來濃厚。壓迫他們自己，他們可以忍耐，侵犯他們的祖國，他們決不袖手旁觀，因之，暹羅政府這一政策，不但不能暹化他們，反而引起他們對泰族的惡感，增強他們自己的民族思想。

何況數十年來，中國的民族主義思想，正是『如月初升，如花怒發。』暹羅的華僑與南洋的華僑，不但只受了這種思想的影響，而且是這種思想的先鋒。孫中山先生以爲華僑是革命之母決非虛言。暹羅的僑胞，對於中國革命運動在暹羅的事蹟，與中國革命領袖在暹羅的言行，猶能瞭如指掌。民國十七年的北伐，他們又出了不少的力量，七七抗戰爆發以後，他們愈覺得國家存在，他們才能存在，國家滅亡，他們便無以立足於世界之上，所以不但在財力方面，給了不少的幫助，就是在人力方面，也有不少的貢獻。

這種中華民族思想的澎漲，比之於泰族的民族思想的澎漲，較爲厲害。在實際方面，這種思想的表現，至少可以從地方主義的打破，與中國國語的流行二方面看出來。華僑雖多來自閩、粵，然而從前不但福建自福建，廣東自廣東，廣東人中，也有廣幫，潮幫，客幫，瓊幫的分別。各幫『各自爲政』，而且時有衝突。到了現在，這種地方主義，已逐漸消滅，中華商會，中華學校，以及許多團體，不但超越幫界，而且超越省界，以整個民族，與整個國家的利益爲利益，互相團結一致了。

中國國幣，在暹羅與南洋各處的流行，是二十多年來最值得注意的一件事。從前在暹羅與南洋各處，不但一個廣東人與一個福建人有言語不通的困難，就是廣東人中，一個廣州人與一個潮州人，也有這種困難。因爲有了這種困難，又因爲大家都同住在暹羅，於是多用暹羅語以表達意思。現在不但是一般華僑教育界以至學校裏的小學生都能操國語，就是一般的華僑商界以至勞動界，也多能說國語。青年人固很熱心的設法學習國語，老年人也一樣熱心的去設法學習。比方最近被刺的暹羅中華總商會會長蟻光炎先生，年紀雖在六十以上，代理該會會長馮爾和先生，年紀也在五十以上，他們還是拼命地去學習。不但在京都大邑是這樣，就是在小城鎭，也是這樣。

總而言之：暹羅華僑這種地方主義的打破，與國語的流行，以及最近來各種救國愛國的運動，是中國民族主義的發展的表徵，同時又是中國民族主義的發展的動力。暹羅的泰族用了各種方法去壓迫華僑，暹化華僑，現在又改暹羅國號爲泰，目的也無非是要發展所謂汎泰主義，而消滅華僑的民族觀念。那裏知道實際上，反因此而增強了華僑的民族意識，使所謂華僑暹化的政策，愈要受到重大的打擊了。

第十章　暹化與西化

在南洋各處的華僑中，受當地或者是『土人』的文化的影響最爲深刻的，恐怕要算暹羅的華僑了。

爲什麽暹羅華僑的暹化程度，比之南洋其他各地方的華僑『土化』的程度爲高呢？我們以爲這雖與暹羅政府的暹化華僑的政策有關，然而暹羅的政治上的獨立，也是主要的原因之一。我已說過：暹羅政府在消極方面，反對與中國交換使節，限制中國人民入口。在積極方面，用婚姻以引誘，用教育以陶染，用法律以壓迫，都可以說是暹化華僑政策的實施。此外，暹羅雖像南洋其他的地方有肥美的土地，有豐富的物產，使中國人民趨之若鶩，而同時因爲環境的作用，自然而然會受土人文化的影響，而趨於『土化』。可是暹羅卻有一種東西，是南洋的其他的地方所沒有的，就是暹羅爲南洋唯一的獨立的國家，這個獨立的國家，既有一種暹化國內其他民族的政策，而不像殖民地的政府，特別是英國殖民地的政府，不但對其所管轄的各種民族的文化，往往能够容忍，而且鼓勵其保留。同時，暹羅政府在政治方面又給予華僑以參政的機會，只要華僑暹化，在政治上找個地位是沒有問題的。我們知道在南洋其他的地方，在歐西各國的殖民政府統治之下，華僑在經濟方面雖佔了重要的位置，在政治方面可以說是絕對沒有參加的機會。比方華僑可以入英國籍，華僑也許英國化，然而在政治方面，華僑完全不能打出一條出路，在安南的嗡幫（幫長），在馬來半島各處的甲必丹(Captain)雖可以說是殖民地政府的一種官銜，然而這種地位，不但低下，而且可以說是殖民地政府所用以華治華的政策，有血氣與有智識的人，都感覺到這不是一種榮譽，至於土人，不但只被歐西各國所征服，被殖民地政府所壓迫，而且是被認爲野蠻民族，低劣人種。華僑在這些地方，與這種情形之下，很易感覺到西洋人在政治上，既不以平等來對待他們，而有西洋人與中國人階級上的區別，同時更易感覺到『土人』所受的層層壓迫與痛苦，而不願與之同化，因爲同化或『土化』就是等於做奴隸，做亡國奴，人們對於奴隸，對於亡國奴，只會表同情，決不願同化。

暹羅就不是這樣，因爲這個國家是獨立的國家，牠的人民是自由的人民，牠的政府對於華僑，雖有顧忌的心理，雖有排斥的舉動，然而牠不但不當做奴隸看待，反而覺得華僑在經濟上的優越地位，是民族與文化的優越的表示，只要華僑願與他們同化，他們不但不顧忌，不排斥，而且歡迎到他們政府中來做高官，居要職。所以在暹羅政府裏的華僑——暹化的華僑——的人數之多，位置之高，恐怕還比純粹的暹羅人爲甚。政治上的優越地位，既是一種引誘，政府的暹化政策，又是一種力量，這就是暹羅的華僑的暹化程度，所以較高於南洋其他的地方華僑的土化程度的主要原因。

大體來說：華僑暹化的歷史，是與暹羅華僑的歷史有密切的關係。因爲在暹羅既有華僑，這些華僑總免不了要受暹羅的文化與環境的影響。不過因爲史料的缺乏，不僅華僑暹化這個問題，少有記載，就是中暹關係的史實，也鮮有存留，從三國時吳康泰使扶南到元代，關於這個問題的材料，在中國方面固不容易找，在西文與暹文方面也不容易找到。

據說，元代暹王敢木丁到中國，曾帶了很多中國磁匠到暹羅，他們最初在暹羅所做的東西，完全與中國的一樣。後來因爲適應暹羅人的需要與嗜欲，遂漸漸改換表面的裝飾，由此日趨於暹化。那麽，這些工人在其生活方面有意義的或無意義的暹化，也是可能的事。

明代華僑之住暹羅者，人數日多，故華僑之暹化者，爲數也在不少，而其暹化的程度也較深。明史外國傳載汀州人謝文彬以販鹽到暹羅，『仕到坤岳，猶天朝學士也』。後來且充暹羅使者來中國朝貢，這是華僑暹化一個很顯明的例子。又同書載弘治十年，暹羅『入貢時，四夷館無暹羅譯書官，閣臣徐溥等請移牒廣東，訪取能通彼國之言語文字者，赴京備用』。這大概是因爲當時廣東華僑之從暹羅回國而通曉其語言文字者已很不少，所以閣臣才有這種的奏牒。換句話說：至少在言語文字方面，華僑之暹化的必定很多。

至於清代華僑之居留暹羅的既多，暹化的程度又較深刻。最顯明的例子要算鄭昭，鄭昭這個名字乃乾隆四十三年的暹羅貢表上所稱的名字，而非鄭昭的眞名。他的眞名是信（Sin）或稱達信（Taksin）。關於這點，許雲樵先生在其所譯郎葦吉懷根（Luang Wijir Watkan）的暹羅王鄭昭傳的弁言中有一段解釋，如下：

其實昭乃暹文的譯音，其意爲王，並不是他的眞名。據暹史所載，他原名爲信，所以一般暹人都稱他爲佛昭達信(Phra Jao Taksin佛)，是聖的意思，通常拿來稱呼和尚神佛，或三品爵位的官紳的，但稱呼君主，也須用佛冠於昭之前，即是所謂聖君，或聖主之意。達是地方，最初鄭信封在該府爲太守，Tao Mu'ang 的暹人談話時簡稱他爲昭達。

又同書頁三，又有下面的一段話，述及鄭昭的身世，云：佛爺誕生於佛曆二二七七年（淸雍正十二年，西歷一七三四年），歲次甲寅，爲賭稅吏中國海豐人之子也。偉人傳記云：Nangsu Aphinihan Banphaburut 方其初生臥搖籃中，有蛇入，蟠居其旁，其父以爲不祥，擬棄之。初，海豐人與財政大臣昭佛爺碻克里聞其事，見此兒貌不凡，乃請收爲義子。及九歲，令入歌薩互寺從高僧銅棣攻讀。年十三，率之出晉覲頌栽佛㓔隆歌索皇，得侍衞職。暇則習華語及印度語，均能流利。比年二十有一，昭佛爺克里乃命之薙度爲僧。越三載，乃返復任原職。迨佛箹囊蘇里阿默轔皇即位。始爵爲鑾嶽甲拔，仕於達府，既而擢爲太守。既晉爵爲佛爺，洼卿巴工遷治甘丕璧府，惟人民猶稱之爲佛爺達，即登極後，尚自稱昭達。

所以從這兩段話裏，我們知道鄭昭不但名字已經暹化，就是在教育，宗教，以至習慣語言各方面都已暹化，又據竹葉本暹羅國史載：『其時（雍正年間）大城中有華人名鄭鏞者，中國海豐人，爵居坤佛，爲攤主娶妻洛英生一子，名信，卽皇也。』」據說：洛英是暹羅婦女，鄭昭的父親娶了暹羅婦女，又有暹羅爵位，同時他到了十餘歲始學中國話，則夫婦父子之間皆用暹語，是很顯明的。因爲這樣，鄭昭的父親暹化的程度，也必很深。我們知道中國人之在這個時候，僑居大城的很多，因爲大城不只是京都，而又是商業繁盛之區域。鄭氏父子既這樣的暹化，其他的華僑的暹化的必定很多。又在通商都會華僑萃集的地方的華僑，尚且這樣的暹化，則一般華僑之在暹羅內地居住者，其暹化程度之深，可想而知。

上面不過就我們所知的一些歷史上華僑暹化的事實，略爲解釋，我現在且將華僑暹化的各方面的大概，加以說明。

我們先從語言方面說起：大概的說，假使華僑夫婦兩人都是來自中國，那麽其子女多能說中國話。雖則因爲職業與環境的關係，他們兼能說暹羅話。假如其夫來自中國或者是華僑兒子，而其婦是暹人，那麽，不但子女會受母親的影響而說暹羅話，就是爲夫的也往往不得不說暹羅話。因爲在這樣家庭中，母親固少能操中國話，子女也少能操中國語，因此之故，在華僑學校的第一二年級的教員，往往也得懂暹羅語。教員授中文時，有時還要以暹語解釋。大概須候小學第三年級以後，始能全用中國話。以前中國國語尚未流行時，因爲華僑中方言各異，互相談話多用暹語，可是直至現在，除華僑教育界外，能操國語的爲數尚不多，又因他們身處暹羅，既以暹羅話爲主，故一般華僑於無意中，常常以暹羅語爲表達意思的工具。

暹羅的文字，比之中國文字易讀得多，因而華僑只懂暹文而不懂中文的也很多。一般華僑子弟，假使從小就學了暹文，則長大時要使其學習中文，很不容易，這固由於先入爲主的心理反應，然而中文比暹文難讀，卻是主要的原因。讀了三二年暹文，作文寫信可以運用自如，讀了五六年中文，未必能有這樣的效果。因而有些華僑且主張中文暹化。

在衣，食，住方面，大概來說：華僑住處所受的暹化程度較深，在暹羅政府中任職的華僑，在暹羅政府未通令改穿西服之前，多穿暹人所穿的『帕農』。有些人說穿『帕農』是做暹官的一種條件，然而一般的華僑，多用中服，雖則有些華僑在星期日喜效暹人穿紅的顏色。至如男人的浴巾女子的拖鞋，華僑男女用的很爲普遍。暹羅小孩頸項上喜帶一串珊瑚，或項珠，女孩下部遮以大約三寸長的銀絲，此外，身上多是一絲不掛。華僑小孩效法的也不少，這大概是與暹羅的氣候有相當的關係。暹羅人的食品以米爲主，而胡椒，椰子，香料又爲他們的特別嗜好。用胡椒與椰子做一種東西叫做『供』，用『供』以配魚肉等物，華僑嗜者很多。至於檳榔，據說不但可以去瘴，而且爲交際上的必需品，華僑之染此癖者，在二十年前已很多。至於蹲在地上，與用手吃飯的方法，效者較少。住屋因爲氣候與經濟上的關係，多倣建暹羅的住屋，而且亦有倣暹人之臥地板，蹲坐的。在郊外鄉村或小市鎮，多模倣暹人所建的『浮脚屋』，這也是因爲避免地濕與避免蟲獸之害的原故。

在家庭生活方面，凡是娶暹羅女子的家庭，暹化的程度最深。這種家庭，在暹羅恐怕佔華僑家庭的半數以上。其次爲娶所謂土生的華僑婦女的家庭。至於由中國攜來的妻子，則家庭生活暹化的程度最淺。不過也有些習慣爲一般普通華僑婦女所採納的，如以一手抱小孩於身旁的辦法等是。至於在政治方面，凡是在暹羅政府任職的華僑，其暹化的程度之深，更不待言。其實，他們往往就不承認其爲華僑。在社交方面，暹羅見面時合掌爲禮，或在他人前面彎腰而行，以示恭敬。華僑與華僑之間，雖少有倣效，然見着暹羅朋友時，則多行暹禮。

在宗教上：暹羅人所信仰的是小乘佛教，中國人宗教觀念較爲薄弱，華僑也不能例外。可是比方施飯與僧侶，也爲華僑所樂爲。此外許多華僑，對於暹羅的『公頭』，相當的信仰。『公頭』是一種法術，可以使一個人得某種病，也可以使一個人迷醉於某種人物。我有一位朋友，曾受過大學教育，而且是學過自然科學的，對於這種法術，也很爲信仰。他幷且告訴我：他親眼看過這種法術的效果。

在醫藥方面：暹羅也有他們固有的醫生與醫藥品，華僑相信暹醫暹藥的也多。在藝術方面：暹羅的廟寺，多爲華僑技工所建築，式樣自有特異的地方，華僑因爲是代暹人建築，而必須迎合暹人的心理，所以這些技工，也受了暹羅藝術的影響很深。同樣，戲劇方面，指導者很多爲華僑，暹羅戲劇雖因此而華化，然而既是暹戲，這些指導者也無意的受了暹羅戲劇的影響。

上面不過隨便舉出些華僑暹化的例子，華僑暹化的歷史的悠久，與範圍的廣闊，已可概見。暹羅的華僑，既因環境上的作用與影響，又加以政治上的引誘，使其暹化的程度日益加深。暹羅政府又實施上面所說的各種消極與積極暹化華僑的方法，目的不過是加強這種同化的作用，而使所有的暹羅華僑，都變爲暹人。

可是，暹羅政府這種政策，是否能够實現呢？

照我個人的看法：暹羅政府這種政策，不但難於實現，而且對於暹羅只有害處，沒有益處。主要的原因，是在暹羅暹化華僑的歷程中，暹羅本身已經劇烈的西化了。暹羅本身既已劇烈的西化，所謂華僑暹化，結果也不過華僑西化而已。其實所謂暹化華僑的政策，只是暹羅的國家主義與泰族的民族主義的表徵。而這種國家主義與民族主義，大致的說又是暹羅西化的結果。至少，這些主義是受了西洋文化的影響，而增強其程度的。暹羅的泰族既因西化而發生，或增強其民族主義，難道暹羅的華僑就不會因西化而增強或發生其國家思想與民族意識嗎？而況中國的國家改造，與民族革命，主要是發動於暹羅與各處的華僑，又況中國本身的國家主義，與民族主義，也因西化而發生或增強。暹羅的華僑不但只受暹羅西化的影響，且受了中國西化的影響，在雙層的影響之下，華僑的國家思想與民族意識，不但比之國內的民衆較爲濃厚，就是比之暹羅的泰族，也必較爲堅強。暹羅欲以暹化的政策去消滅華僑的國家思想與民族意識。然而華僑卻因暹羅與中國的西化而發生這種思想與智識，這麼一來，暹羅政府的暹化華僑政策，豈不是變爲弄巧成拙，欲益反損的嗎？

第三編

第十一章 暹羅與西化(上)

在暹羅的歷史上，有二位很有聲望的君主。一爲拉瑪克摩項（中譯敢木丁），一爲拉瑪第五朱隆功(Chulalongkorn)。敢木丁在十三世紀的末年與十四世紀的開始，曾兩次來過中國。朱隆功在十九世紀的下葉與二十世紀的初年，曾兩次到過歐洲。前者是暹羅提倡中國文化最力的人物，後者是暹羅提倡西洋文化最力的人物。所以從暹羅的華化史上看來，敢木丁是一位先鋒，一位功臣；從暹羅的西化史上看來，朱隆功是一位先鋒，一位功臣。前者既二次親到中國，後者又二次親遊歐洲，先後比美，至爲巧湊。

關於暹羅的華化，我們已在上面加以說明，我們現在且來解釋暹羅的西化。

暹羅人自己感覺到西化的必要，而積極的提倡西化，雖是最近數十年來才有的事，可是，暹羅與西洋的交通，及暹羅之受西洋文化的影響，卻有數百年的歷史了。

據科姆羅夫(Manul Komroff)所編訂的馬可波羅遊記的序言裏說：馬可波羅(Marco Polo)及其父親與叔父們曾從中國經暹羅而回威尼斯(Venice)。這些西洋人經過暹羅，究竟對於暹羅有沒有多少影響？又除了他們以外，在那個時候，或在他們之前，有沒有別的西洋人到過暹羅？我們現在都無從考究。我們現在所知道的是，自東西海道溝通以後，葡萄牙人於一五一一年曾到暹羅，請求通商。從此以後，暹羅與西洋遂不斷的發生關係。到了一五四一年，因爲暹羅與緬甸打仗，葡萄牙曾幫助暹羅戰勝緬甸，暹羅政府爲酬答他們的功勞起見，除了給與大城河西南段一塊地方，以爲他們住所之外，又允准他們在大城建築禮拜堂，宣傳基督教，這是西洋基督教傳入暹羅的開始。除了宗教之外，葡萄牙人又授暹羅人以製造槍炮與建築礮臺的方法，至今大城薩文克樂與蘇口胎等處，還留着葡萄牙人所建的礮臺的遺跡。又葡萄牙人既不斷的與暹羅通商，則西洋的許多貨物與用品，也無疑的會傳入暹羅了。

十七世紀的時代，歐人來暹者更多。一六〇四年的荷蘭人，一六一二年的英人，一六二一年的丹麥人，一六五九年的希臘人，一六六二年的法國人，一七〇〇年的西班牙人都陸續的到暹羅請求通商。這些西洋人對於暹羅文化貢獻較大的要算荷蘭人，英國人，希臘人，與法國人。據說：荷蘭人，英國人的目的，全爲通商，而非傳教。但是荷蘭人曾教暹羅人以建造鐵甲船的知識，而英國人卻授暹羅人以航海的技術。此外也有在暹羅政府中任職的，最著名的如希臘人君士但丁范堅。這位希臘人，本來是希臘一個酒店的主人，因爲某種原因而逃出希臘，最初在英國人的船上當船員，他是一位聰明能幹的人物。到暹羅後，得到暹羅皇帝的賞識，遂在政府裏任職。後來甚得到暹羅皇帝的信用，賜名爲昭丕耶維查蔭。除幫忙暹王管理國內政事外，關於發展暹羅的國外商業，都由他一手處理，他對於暹羅很有功勞。可是，後來因爲與法國教士太過親密，而與法國政府發生關係，結果爲暹羅所忌而被殺。法國人之在暹羅與荷蘭人一樣，除宣傳宗教與建築礮臺外，並設立學校，介紹醫藥與傳入望遠鏡等等的科學器具。法國政府在那個時候，欲想擴張勢力於東方，遂利用這些教士爲先導。最後遂派軍艦到暹羅，要求許其長駐暹羅。同時又要求以法國軍隊爲侍衛，因此引起暹羅人的惡感，結果引起一六八八年暹羅發生驅逐法國人的事件。

自暹羅人排法事件發生以後，至十九世紀的初年的百餘年間，西洋人雖仍有東來暹羅，可是他們在暹羅的地位，已不復像從前那樣重要的了。而且在法國革命至拿破崙蹂躪歐洲的時間，西洋人之到暹羅者，幾乎絕跡。直到一八一八年以後，葡萄牙人才又從澳門來暹羅請求通商，不久英國人也不斷的請求暹羅訂立通商條約。

這個時候（一八一八），美國人也陸續東來暹羅。美國人初到暹羅的目的，是向在暹羅的中國人宣傳基督教，後來，也對暹羅人傳教，同時又設立醫院，介紹西洋醫藥，並傳入種牛痘的方法。然而美國人對於暹羅的最大的貢獻，是介紹暹文印字術。據說發明暹文字粒的並非美國人，而是一位英國人。東印度公司在一八二二年派克勞福（Crawford）到暹羅請訂通商條約的時候，克勞福感覺言語不通，實爲通商失敗的重要原因之一，東印度公司乃派一個人到暹羅專學暹羅文字與言語，這位英國人乃著了一本暹羅文法，以爲英人學習暹文的課本，並發明了暹文印字粒。後來他帶了這些字粒到新嘉坡，暹羅的美國教士乃派人到新嘉坡採用他所發明的暹文字粒，印刷教義，以資宣傳。並於一八三六年在呑武里府的三雷設立暹文印務局，暹文的印刷事業，從此逐漸發達。

上面說明西洋文化輸入暹羅的史略，大體來說：在這個時期裏，西洋文化的輸入暹羅，西洋人是處於主動的地位，而暹羅人處於被動的地位。換言之：在這個時期裏，暹羅的西化是被動的，而非主動的。同時，正像我在上面所說：當時暹羅人都相信世界文化最高的國家就是中國。自中國鴉片戰敗，割地喪權以後，暹羅人逐漸的感覺到中國文化的缺點，與西洋文化的優越，因之才感覺到自動西化的必要了。

其實，據說中國鴉片戰爭的失敗，在暹羅當時只有三個人知道。一爲帕莊告教由火王，一爲帕賓告教由火共帕拉查旺包哇啦，一爲昭丕耶馬哈希肅哩亞翁。這三個人不但只知道中國戰敗於英，而且明白西洋勢力在亞洲的雄厚，因而感覺到非效法西洋不足以自強。帕莊告教由火王是暹羅第三世皇帕昂告教由火的弟弟，帕昂告教由火在位的時候，就洞識世界大勢的趨向，其弟帕莊告教由火在未繼位之前，曾爲僧侶，他精通梵文與三藏經外，又請外國教士教授拉丁文與英文。他的弟弟帕賓告教由火也同時學習英文。因他是一位軍官，對於西洋的軍事知識，尤爲注意，後來他把英文的炮戰術譯爲暹文。照丕耶馬哈希肅哩亞翁則專習造船與戰艦的方法，此外，共鑾翁撤蒂棘酒尼與乃莫阿馬達阿軍對於英文也極注重，前者專習醫術，而後者專攻化學與機械學。

第四世皇帕莊告教由火，於一八五一年繼其兄的王位。在位時消極的改良暹羅許多惡習慣，積極的倣效西法。在政治上，軍事上，以至在警務上，都聘西人爲顧問。使暹羅的政治，軍事，警務趨於西化，同時又任用西人爲駕駛輪船，經理印務，改良幣制，設立稅局，開闢馬路。一八五六年又與英國簽訂協約。

第四世皇西化暹羅國家之外，他對於他的兒子也使其受西化的教育。他就位之第二年（一八五一），就聘西洋女教員教授兩個兒子，其中一位就是後來繼位的第五世皇朱隆功。朱隆功在一八六九年就位，那時他僅十五歲。因爲他的年紀尙幼，由昭丕耶馬哈希肅哩亞翁攝政。這位攝政王，在第四世皇未就位之前，不但感覺到西化的必要，而且自己專攻製造商船戰船的方法，他現在旣當了權位，自然對於西化，更能積極的提倡。至於第五世皇朱隆功，幼時已受過西方教育，對於提倡西化更是不遺餘力。而且這位君主在十八歲（一八七三）的時候，就到爪哇遊歷，同年又到印度遊歷，其目的在考察這些地方的政治，以資借鏡。他遊歷爪哇，印度之後，深覺到國家的建設，主要的是賴於教育，於是先在王宮裏開辦兩個學校，一爲授暹文的，一爲授英文的，聘請西洋人爲教員，這個學校名爲玫瑰園。暹羅教育從來操於僧侶之手，玫瑰園學校的設立，實開暹羅學校的新紀元。入校的學生，除王族之外並令各大臣送其子弟入學攻讀。

一八七四年，他自己秉承政權，對於西洋文化的提倡，比之以前，不但較爲積極，而且較爲具體。他在加冕的時候，就廢除以往大臣朝見時的伏跪儀式，改用立行舉手的方式。同時取消奴隸制度，改良法院，建築鐵路，設立電郵，訓練軍隊，無一不效法西洋。特別對於教育的質與量的兩方面的改善，尤爲注意。除了擴充玫瑰園學校外，各級學校的數目一天一天的增加。而對於女子教育，也極力提倡。一九〇一年巴馬鑾洒得里維查女校的設立，就是一個顯明的例證。在這位英明的君主死後六年（一九一六），且有國立大學的設立。政府方面，爲了紀念這位君主提倡教育的熱情起見，就名這個大學爲朱隆功大學。至於國外教士在這個時期所設立的學校，尙不計算在內。

這位君主不但在國內積極的提倡西化，而且自己於一八九七年，曾親到歐洲，考察歐洲的政治與文化。在一九〇七年又作第二次的歐遊。可見得他對於西洋文化的羨慕之深與提倡之力了。

第五世王，比他的父親第四世皇更進一步，遣派許多皇族子弟赴歐留學。第六世皇十三歲（一八九三）時，就被遣赴英留學，在歐洲住了九年，始行歸國。他從中學而入牛津大學，攻習史學，後來又在英國步兵聯隊裏當過中尉。因爲他深受了歐洲文化的陶染，所以他在一九一〇年繼位之後，對於暹羅的西化，更能積極的提倡，與具體的推動。如派留學生到英、德、法、俄等國。以及改革日曆，分配時間爲上午下午，命令婦女，梳留長髮，以至效西式服裝等等都是。拉瑪第五已建立了暹羅西化的基礎，拉瑪第六在這個基礎上，加以發展，使暹羅不但在文化的根本上趨於西化，就是在文化的枝葉上也趨於西化了。

從拉瑪第六以後，暹羅的君主，每個人都到過歐洲留學。拉瑪第七是拉瑪第六的弟弟，他少年時，到過歐洲留學。至於拉瑪第八安那達也是很少的時候，就赴歐洲，前數年拉瑪第七退位時他還在歐洲求學。

綜上所述，我們得到一個概念就是暹羅的自動的西化運動的領袖人物，差不多完全是皇室。暹羅在一九三一年以前是一個專制政體的國家，以皇室的力量去提倡與推動西化，當然容易見效。不但這樣，暹羅從來是被目爲野蠻的國家，沒有什麼固有文化，因而文化的惰性，沒有什麼力量去阻止文化的變遷。同時，暹羅人也很能直率的承認自己文化的落後，虛心的效法西方文化的好處。在暹羅，尚未自動的採納西洋文化之前，暹羅的文化根本就是印度與中國的文化，印度文化對於暹羅影響最大的是宗教方面，但是佛教既是暹羅的國教，皇帝也可以說是宗教上的領袖人物。其實暹羅政府就常常利用宗教去統治人民，去統一國家，因此印度佛教在暹羅之所以能有很大的力量，也可以說是由於皇室的提倡與推動。暹羅是中國的屬國，關係的歷史既久長，華僑之居留暹羅的又衆多，同時又得了皇帝敢木丁以及後來的皇族親到中國，傳播中國文化，所以中國文化在暹羅之所以有極大的影響，也可以說是由於皇室的提倡與推動。同樣，照我們上面所解釋，西化運動在近代的暹羅之所以有偉大的效果，也可以說是由於皇室的提倡與推動。暹羅是現在南洋的唯一的自由與獨立的國家，然而暹羅之所以能得到自由與獨立．主要的是由於能够迎合世界潮流的趨向，換句話說，就是由於能够自動地去採納西洋的文化。

第十二章　暹羅與西化(下)

暹羅既沒有固有的文化的惰性，去阻止其西化運動，同時又得了有權力的皇室，積極的從事提倡西化。所以暹羅的西化運動，在時間上既來得很快，在程度上又來得很高。關於時間上的西化，上面已經敍述。我們現在再從程度上的西化，加以分析。

我說暹羅在程度上的西化很高，主要的是從文化的分析的立場來看。暹羅的文化，無論在那一方面，都受了西洋文化的影響，而且深刻的受了西洋文化的影響。

暹羅本來是一個專制政體的國家，然自第三世皇在十九世紀的初年，已能洞識世界大勢的趨向，以後暹羅每個君主，不但希望其國家西化，而且自己以身作則，學習西洋語言，廣求西洋知識。在消極方面，又能拼除舊制，如取消奴隸制度，破除跪拜的惡習等。在個人上說，他們是西化的領袖，在國家上說，他們是開明的君主，所以在政治方面，暹羅可以說是已經上了正軌，而與歐西各國置於平等的地位。在行政的機構上，各部的設置以至中央與地方的關係，都以西洋的政治爲榜樣。至於議會的設立，司法的改進，完全效法西洋，而西洋各國之所以願意取消其領事裁判權，與其他的特殊利益，也是因爲明白暹羅的政治，而尤其是在司法方面已有顯明的進步，能與西洋各國的法庭沒有什麼分別。在軍事方面，暹羅的西化的程度之深，更不待說。空軍與海軍，全仿西洋體制。陸軍方面，在第四世皇的時候（一八五一——一八六七），大多數的教官都是英人，訓練的方法與軍事的組織管理，固是西化，就是口令也用英語，到了近來才改爲暹語。

交通工具上的西化，更爲顯明。暹羅自一八九〇年有了北欖鐵路後，五十年來，鐵道網已分佈於東西南北各處。沒有鐵道的地方必有公路。年來航空交通線，也分佈於全國內外。暹羅自己雖沒有輪船往來暹羅以外的口岸，然而暹羅政府早已感覺到新式海運工具的重要。郵政與電報是創始於一八六九年，電話創始於一八八一，無線電創始於一九一三。暹羅幅員較小，這些交通事業的普遍化，比之中國，固然較爲容易，但是暹羅人不像我國人在數十年前之反對鐵道輪船的建設；實爲交通事業的發展的主要原因。

經濟方面：暹羅以農業爲主，暹羅第五世皇已感覺到振興水利，爲發展農業的張本。所以在那時（一九〇二）已聘請荷蘭工程師到各處考察，做成發展水利的計劃。三十餘年來，暹羅政府對於水利的發展，不遺餘力，對於農村經濟的改良，也很注意。並請了美國的專家，專門調查農業的經濟情況，並建議改進的計劃。如種子的改良，都很注意。政府對於農產的暢銷，除了提倡合作外，又設立銀行，撥出專款貸給農民。暹羅人民，對於經商，頗不注意，近年來政府在各處設立商業學校，使人民學習現代的商業知識。十餘年前，在曼谷欲找一暹人自設的商行，殊不容易，現在的情形就不同了，以西藥行而論，從前除了西人與華僑開辦的外，沒有暹人開辦這種商店，然在十年八年之間，曼谷的暹人之經營此業的，已有許多家了。

衣、食、住方面，暹羅人的西化程度，也相當的深。暹羅人原來所穿的是帕農，自受西洋文化影響之後，帕農固非完全廢除，然而上身多穿西衣，而脚則多穿革履，頭上所戴的也多爲西帽。四五年前，政府且通令政府人員，須着西服，實則許多政府人員，以至一般的人民之着西衣西褲的，隨處都可以見到。至於軍隊所穿的軍服，早已是西化了。女子穿西服的，也已逐漸的增加，而最使初到暹羅的人注意的是：大部份的暹羅婦女，上身穿類似西洋婦女所穿的內衣，暹羅一般婦女，從前上身多都袒露，現在穿了這些內衣遍掩了上身的大部份。脚穿革履的，在大都市中很爲普遍。暹羅婦女，原與男人一樣的剪剃頭髮。據說從前暹羅與柬埔寨打仗，一天，因爲男子悉到外邊，只有女子在城裏，柬埔寨人知道城內只有女子，便派兵圍城，當時有一個婦女情急智生，以爲敵軍之來，是知道城內沒有男子，便建議女子皆剪剃頭髮，執弓矢立於城壁，柬埔寨人以爲立在城壁的皆爲男子，不敢進攻。而出城之男子也於這個時候回來，內外夾攻，結果大敗柬埔寨。從此以後剪剃頭髮，變爲一種光榮，因而流傳成俗。到了暹羅的第六世皇，曾下令暹羅婦女蓄留長髮，故現在城市各處婦女之留髮與熨髮的已逐漸增加。

暹羅人本來以手指吃飯，後來受了中國文化的影響，也有用筷子的。不過西化以後多用刀叉。刀叉的使用，在暹羅很爲普遍，在家庭裏，在旅行時的火車中，縱有些人用手指吃飯，但也多帶一兩刀叉。洋盤，廚房用具也多倣效西洋。至於政府所開辦的鐵路，飯店，及招待外賓的機關，皆以西洋食品爲主。

暹羅的普通住屋，多用木做，距地約高數尺，以防備雨季地濕。西洋文化東漸之後，這種房屋，稍爲改變，很像美國各小城市的木房。至於內部的佈置，上等人家，多趨於西化，西書桌，沙發椅與鋼琴，極爲常見。政府建築物之倣效西洋的，更不待說。

在衛生設備方面：暹羅也已逐漸的趨於西化。一八六七年，政府設立衛生局，以管理衛生事宜。衛生局對於曼谷飲水問題，很爲注意。曼谷以前因飲水不潔，時有疫症。衛生局請了外國技師醫生，共同設法改良，最後乃決定裝置自來水，直到一九一四年，工程始告完竣。這於曼谷的衛生方面，有莫大的貢獻。

西洋醫法之傳入暹羅，遠在十七世紀。十九世紀初葉，美國教士又傳入種牛痘的方法。現在在暹羅，除國家設立的醫院外，教會人士及羅氏基金會也設有醫院，私人開辦的更多，故西藥房隨處可見。此外，一九〇三年又成立了紅十字會。

在教育方面：暹羅教育從來是操於僧侶之手，故寺院就是學校。暹羅人多送子弟到寺院裏，一方面供僧侶的差使，一方面向僧侶求學問。寺院既是宣傳佛教的地方，一般人進了寺院，所求得的，也是偏重於宗教的知識。富裕之家，間有自請教師到家裏教授子弟，然而這種家庭教育，能够享受的人，爲數不多。西化教育的開始傳入暹羅，是在十七世紀，當時法國天主教士於大城開辦學校，後來雖因政治的原因，以至停辦，但是此後法國教士所辦的學校，在暹羅的西化教育上，仍佔重要的地位。十九世紀的上半葉，美國教士在暹羅，對於西化教育的貢獻，相當的大，直到現在，比方遠至北部的靑邁，美國教會所辦的學校，成績卓著。

暹羅的第四世皇，於西洋教育已很注意，他自己讀西洋文字，研求西洋知識，又聘請西洋教師教授子弟。到了第五世皇，設立玫瑰園學校，這是西化學校的嚆矢。這個學校，最初目的是爲教育皇室與貴族子弟，一八八四年，又開辦民衆學校，並且又在寺院裏，設立學校。此外，逐漸開辦各種專門學校，如測量學校，文官學校，醫學院。一九一六，且設立朱隆公大學。政府又施行強迫教育，使青年男女都有讀書的機會。而教育部及各地方的教育局的設立，都可以說是採取西洋教育制度的表徵，

哇齊拉巖圖書館的成立，對於古物的保存，技術的奬勵，學術的提倡，都是暹羅文化西化的表現。皇家學院在一九二六年頒布著作奬金的辦法。凡暹羅學者，對於詩歌，戲劇，歷史，文學，科學，技藝等有特殊貢獻的，皆可領得奬金。時事上、學術上各種討論會，研究會，也相繼的成立。此外，暹羅的音樂，戲劇都逐漸西化。電影事業近年來的發展尤爲驚人。曼谷的最大電影院，不但不下於香港，上海各處，就是比之西洋各處的許多電影院，亦無遜色。

佛教雖是暹羅的國教，但暹羅幷不禁止佛教以外的宗教。我在曼谷及靑邁各處，曾聽過許多西洋教士說：在暹羅，對中國華僑傳教，沒有對暹羅人那麼困難。他們以爲暹羅人深受了佛教的影響，要他們放棄其固有的宗教，而信仰基督教，是一件不容易的事。據說：美國教士之

最初赴暹羅者，目的是要到暹羅向華僑傳教，後來纔逐漸的向暹羅人傳教。這種看法，也許是對的。不過，我們也須知道，在十六世紀葡萄牙人到暹羅時，已宣傳天主教，並且建築教堂，十七世紀的法國教士，除建築教堂之外，又設立學校，直至現在，天主教在暹羅的勢力還是很大。至於新教一百年來，在暹羅發展之速，尤堪注意。教堂，醫院，學校都是西洋教士宣傳宗教的機關。用學校以教養，用醫院去施恩，用教堂去講經。暹羅人雖以佛教先入爲主，然而基督教徒的宣傳方法，既是那麼完備，暹羅本身又正跑在西化的路上，所以現在許多暹羅人，尤其是暹羅的青年男女之信仰基督教的，逐漸增多。我在青萊(Chiengrai)與青邁，曾遇過幾個入過佛教寺院做過和尙，讀過佛經，而後來又變爲基督教徒的暹人。我問他們爲什麼要這樣做？他們的回答是：入了基督教與教會學校，不但在職業上易於解決，就是在學問的探求上，也多佔便宜。可見西方宗教勢力之盛了。

最後，暹羅的文字，以三十六母音與四十六子音構成，字體雖頗類印度文與柬埔寨文，然而暹羅文既是拼音，比較的近於西文。而且自西洋文化輸入暹羅之後，暹羅文的許多新名詞，簡直就是英文的對音。因爲生活上所需要的東西，既是逐漸趨於西化的東西，那麼，西洋名詞的使用，也必定逐漸的增加了。同時，暹羅的學校，對於西文極爲注重，能說西洋語，尤其是英語的人很多。

總而言之，暹羅的西化程度是很高的，暹羅近代，在文化各方面上，能夠進步，是得力於西化，暹羅之所以能够成爲一個自由與獨立的國家，也是得力於西化。

第十三章　暹羅與英法

在現代的國家中，除了中國以外，與暹羅關係最爲密切的，恐怕要算英法兩國了。

在地理上，暹羅的東北與法屬柬埔寨與老撾相接壤，西北與英屬緬甸相毗連，至於南部又與英屬馬來半島相交界。暹羅的南部雖有暹羅灣，西部雖有孟加拉灣，爲其自由向外發展的出路，但是大概來看，暹羅在地理上是受了英法兩國的屬地所包圍的。

在歷史上，暹羅與法國的發生關係是始於一六六二年。那個時候，法國人到暹羅的是傳教士，這些教士的主要工作爲救濟貧苦，醫治病人，與安慰監犯。暹羅皇帝因爲他們所做的事情都有益於民衆，乃允許他們在大城建築教堂，這就是今日在大城的聖約瑟天主教堂。

這個時候，因爲暹羅與荷蘭不睦，法國教士乃勸暹王帕納來馬哈辣請法國軍事家與工程師來暹羅，在洛帕布里（Lopbouri）及曼谷建築炮臺，法國當時正想伸張其勢於東方，因派軍艦六十艘到大城，并且要求暹羅用法國兵士爲侍衛，這是一六八八年的事。帕納來馬哈辣王既逝，帕馬哈布盧王卽位，乃將法國人驅出大城，並破壞法人在暹羅的各種建設。從此以後，直至一七六七年，暹羅亡於緬甸，法人及教士雖非完全絕跡，然不但在政治方面，沒有力量，就在宗教方面也少有活動。

十八世紀的末葉，越南嘉隆王阮福映因廣南滅亡，求援於法國，法國乃乘機逐漸侵略安南，到了一八六一年，強迫安南割讓南圻邊和定祥嘉定三省，及崑崙島（Polu Condore）。法國旣佔了南圻，一八六三年水師提督克朗篤耶（Dele Crandiere）又進一步遊說柬埔寨羅東王（Nordon），與法國訂富東條約，承認爲法國的保護國。柬埔寨在這個時候，名義上是暹羅的藩屬，暹羅因而提出抗議，法國不但不加以理會，且在一八六七年強迫暹羅訂立法暹條約，其內容是承認柬埔寨爲法國的保護國，而同時法國承認舊屬柬埔寨的巴丹孟與安古二省爲暹羅領土。二十一年後法國又向暹羅要求暹羅割讓湄東河以東的地方，一八九三年，法國正式佔據暹羅藩屬老撾，不久又派海軍封鎖暹羅東邊海岸，並駛入曼谷，強迫暹羅割讓湄公河以東的地方，並割湄公河，西部及巴丹孟安古二省爲中立地帶。

英國人之到暹羅，據說始於一六一二年。英國初到暹羅的目的與法國人有點不同，後者是傳播宗教，而前者是發展商業，英人除了在暹羅做生意外，也有在暹羅政府中任職的。到了一八二二年，東印度公司與印度總督想在暹羅發展商業，乃派代表到暹羅要求通商，可是這次的交涉，因爲許多原因，沒有結果。

再過了三年，英國與緬甸宣戰，暹羅因爲與緬甸是世仇，因而幫忙英國，英國又乘機會派代表到暹羅要求修訂通商條約，暹羅政府答應了，英國於一八二六年簽訂英暹條約，這是暹羅有史以來，與西洋國家簽訂條約的第一次。從此以後，英國的商船繼續不斷的往來於暹羅港口。一八五〇年英國在緬甸的勢力，已逐漸擴大，又派代表到暹羅修改緬甸條約，這次的談判，雖沒有結果，但是五年後（一八五五），維多利亞女皇又派香港總督約翰保寧（John Bowring）爲特別代表，另訂條約。這個條約，對於許多特殊權利，如領事裁判權，購買土地權，皆有規定。後來其他各國在暹羅獲得享受這種權利，皆以此條約爲根據。

英國在十九世紀下半葉吞併整個緬甸和馬來半島之後，對於暹羅，除了在經濟上擴充勢力之外，也想在政治上統治暹羅。同時，又因法國當時在暹羅的勢力日益擴大，於一八九六年訂了英法協定，以湄公河爲中立地帶，以暹羅的東境巴丹孟安古柯叻各處爲法國勢力範圍，而以薩爾溫河東岸及馬來半島北部爲英國勢力範圍。到了後來，因爲德國的勢力侵入暹羅，英法又於一九〇四另訂條約，以湄南河爲兩國勢力範圍的界線，河的東邊屬於法，河的西邊屬於英。

到了一九〇八年，暹羅又割讓巴丹孟安古等地與法國，一九〇九年割馬來半島的吉打，吉蘭丹，丁加奴，巴里士四處與英國，以收回兩國的領事裁判權爲交換條件。這些地方，名義上雖屬於暹羅，然事實上，卻非受暹羅的直接管轄，這也可以說是暹羅自願割讓的一個原因。

第一次歐戰發生後，暹羅於一九一七年加入協約國，一九一八年且派了陸軍二千人與空軍人員到法國戰場參加歐戰。戰後，暹羅對於德奧以往所享受的特殊權利的條約，既宣佈無效，同時又於一九二一年與美國另訂新約。法國在一九二四年，英國在一九二五年，也均與暹羅另訂新約，放棄舊約中所規定的特殊權利。其他各國亦跟着英國法國而與暹羅另訂新約，使暹羅七十年來所受的各種束縛，得以解放。

上面是很簡略的說明暹羅與英法兩國在地理上與歷史上的關係。從文化的各方面來看，英國在暹羅的地位比法國在暹羅的地位重要得多。在經濟方面，用不着說，就是在教育與日常的習慣上來看，暹羅所受英國的影響，也較大於法國。暹羅的第四世皇在十九世紀的中葉，已努力學習英文，此後有了好幾位皇帝，都到英國留學，皇室貴族與青年子弟之赴英留學者，也比赴法的多。所以暹羅境內懂英文的人比懂法文的人也較多。在學校裏，英文比法文較爲注重，連法國教會所辦的亞參善學校，也要注重英文。所以不懂暹文而懂英文的人，到了暹羅，並不覺得十分困難。然這並不是說法國的文化，對於暹羅完全沒有影響，歐戰以後，暹羅的留法學生逐漸增加，暹羅的第七世皇曾在法國留學，而留法學生之在政府任職者也算不少。暹羅的現任財政部長朗伯第，就是一個例子。

也許爲了這個原故，而特別是因爲法國自十九世紀下半葉以後，對於暹羅不斷的作侵略的企圖，所以暹羅對於法國的惡感，相當的深。凡是到過暹羅與英法的屬地交界的地方，對於這一點最容易看出來。在暹羅與法屬交界地方，反抗侵略的標語，不但特別的多，而且特別的沈痛。比方在烏汶的縣署門楣上，就有了一首詩，意思是假使敵人要侵略我們，我們就是死了只剩一個，也要反抗。而且在這一帶的民衆，他們在茶餘閒談中，都不忘記老撾與巴丹孟。至於安古有世界著名的安古寺廟（Angorwat），世界人士到這個地方憑弔的，不絕於道，暹羅人對於這個寺廟，更不忘情。我記得有一次經亞蘭而搭火車赴曼谷車上，有一個暹羅青年，一聽到我說，我在安南曾到過這個寺廟之後，他立刻告訴我道：這是我們的風景區，法國以武力佔據這個地方，我們將來必以武力把它取回。暹羅是否能以武力去取回，當然是一個問題，可是暹羅人之仇恨法國的心理，可見是不容易改變的事情了。

暹羅人對法國如此，對英國亦不見得就懷好意，近年來暹羅政府在英屬與暹羅交界的地方，對於軍事方面的設備，不遺餘力。因爲暹羅人對於馬來半島的北部，既不忘情，他們又明白，假使英國現在要侵略暹羅，比之以前緬甸之侵略暹羅較爲容易，暹羅曾爲緬甸所滅亡，英國既能征服緬甸，也能征服暹羅，而況英法兩國曾有瓜分暹羅的計劃呢。

總而言之：暹羅對於法國既有惡感，對於英國也沒有好意。

暹羅在一百年來　無日不受到英法的壓迫，所以近年以來，排斥英法的思想，越來越兇。自今年英法對德宣戰以來，暹羅更想利用機會去剷除英法在暹羅境內的勢力，與收復英法已佔據的暹羅的藩屬地方。我們說到這裏，也許有人要問道：暹羅之被英法壓迫，歷史上既若是之久，爲什麼前次歐戰時，暹羅不利用機會實施這種政策，反而參加英法戰線呢？我們以爲這個問題可以從內外兩方面來說明：暹羅在二十年前，不但海、陸、空軍尚沒有成立，就是各種條約的束縛，也未取消。對外方面，暹羅在那個時候還沒有一個與國來幫忙，因此它不但沒有力量去排斥英法，而且沒有膽量去開罪英法。現在呢？情形卻不同了，暹羅在歐戰中，得到外交部長大來托把攀(Traidor Prabandh)與其顧問美人塞爾(Francis B. Sayer)，運用種種的外交手腕，於歐戰後廢除了各種不平等條約。二十年來對於海、陸、空軍又有了多少的預備，他們自以為可恃。加以近來經過幾次革命之後，第七世皇普拉加特什克被迫退位，他現在雖然蟄居英倫，但他並未忘記祖國。英國政府對於這位君主，待遇相當的厚，所以暹羅政府，對於英國更為顧忌，使暹羅排斥英法的思潮，更加澎湃。另一方面，暹羅這時已經找到了它的與國，這個與國，正幫忙暹羅，拼命的離間暹羅與英法的關係。這個與國，不是別的，就是日本。日本為什麼在前次歐戰時不幫助暹羅與離間暹羅與英法，而到現在纔這樣的做？其理由也至為簡單：日本的南進政策，在前次歐戰前，在政治上，在經濟上都沒有什麼力量。前次歐戰的時期裏，日本才利用機會逐漸伸張其經濟勢力到暹羅與南洋一帶。現在牠在暹羅的經濟勢力，既已有了多少基礎，遂進一步而發展其政治勢力，使一方面能削減華僑在暹羅的勢力，以減少中國抗戰的力量，一方面能削減英法在暹羅的勢力，以達到稱雄東亞的幻夢。暹羅對於英法，既從來有了顧忌之心，對於華僑，又當作心腹之患，一經日本人從中煽動，於此，數年以來，親日排華與排英排法的政策，便越來越厲害，而所謂汎泰主義與改號為泰，卻是這種政策具體的表現。

我們以為暹羅這種排英法親日本的趨向，固有其歷史的背景，然而卻是一種短見的政策。暹羅應該明白暹羅在歷史上的很多國恥與危機，固由英法而起，可是暹羅在近代之能夠獨立與統一，也未嘗不是英法所賜。十三世紀的中葉以前，泰族在暹羅還是一個沒有組織的民族，而託庇於他人籬下，到了一二五八年，希因他蒂王在蘇口胎宣佈立國的時候，柬埔寨人在洛帕布里還有勢力。那個時候，泰族所佔的地方，至多不過現在暹羅的二十分之一。泰族在暹羅本來沒有國家，本來沒有土地，現在的國家是佔據別人的土地，而建立的，十三世紀至十六世紀的泰國，常爲柬埔寨所牽制。十六世紀以後的泰國，曾爲緬甸所滅亡，假使柬埔寨不爲法國的藩屬，緬甸不爲英國所併呑，暹羅未必就沒有外患，暹羅未必不再爲緬甸征服，未必不爲柬埔寨人所取回。暹羅——泰族——不應忘記暹羅曾要求過英國的幫助去抵抗緬甸，暹羅更不應忘記英國征伐緬甸時，暹羅曾自動幫助英國，暹羅現在既佔了柬埔寨人與其他民族的土地，又少了緬甸的憂患，應自知足。而況暹羅人口只有一千萬左右，以暹羅的面積與物產之豐富來看，就使現在的人口總數再加二三倍，尚不至人滿之患，爲什麽再要侵略別人的領土？

英法把暹羅來當作一個緩衝地帶，當然也是爲他們自己打算，而非專爲暹羅着想。不過暹羅也得明白，假使英法想瓜分暹羅，那麽暹羅早已滅亡。四十年前，法國派了兩艘軍艦到曼谷，已使暹羅割地賠款，假使英法兩國聯合去征服暹羅，暹羅那能抵抗？總而言之：英法既征服了暹羅的勁敵，使暹羅無外顧之憂，同時，英法自己又沒有瓜分暹羅的企圖，而使暹羅得到獨立的機會。現在暹羅不親善英法而受英法所顧忌的日本的愚弄，想利用第二次歐戰的機會而佔小便宜，排斥英法。將來第二次歐戰結束，英法若聯合起來，用嚴厲的手段去報復暹羅，恐怕暹羅到了那個時候，後悔無及了。何況目前日本用全力以對付中國，尚嫌不够，那裏有餘力去幫忙暹羅來反抗英法，實現暹羅人汎泰主義的夢想呢？！

第十四章　暹羅與日本

暹羅與日本雖遠隔重洋，卻有好多類似的地方，在幅員上，兩者都比較的狹小；在人口上，兩者也比較的稀少；在體格上，兩國的人民又比較的矮小；在文化上，這兩個國家沒有什麽固有的文化。兩者直接上都曾深受中國文化的影響，間接上，也深受印度文化的滋育。日本的佛教是由中國傳播，而暹羅的佛教，主要卻由緬甸與柬埔寨傳播。雖則許多考古學者斷定，暹羅在西歷五六世紀的時候，印度的大乘佛教曾直接的輸到暹羅，可是這種佛教在暹羅，早已消滅，而現在所流行者，卻爲間接由緬甸與柬埔寨所傳入的小乘佛教。

因爲這兩個國家都沒有什麽固有文化，所以對於採納外來的文化，都較爲容易。在以往，他們虛心接納中國與印度文化，固不待說；日本自明治維新以後，暹羅自拉瑪第四以後，對於西洋文化，都能積極的提倡，積極的接受，而且兩國的領導西化的人物，多爲皇室與貴族方面。

在語言文字方面，暹羅與日本也同樣地受了中國的影響；可是兩者都經過改革運動，而趨於易讀。又如日本的神道教與暹羅的佛教，在派別上雖是各異，然而對於人民生活的影響，卻同樣有很大的力量。日本政府與暹羅政府都能利用這種宗教的勢力，去統治人民，去統一國家。他如日本人之外出喜帶劍，與暹人之外出喜帶刀，也是風俗上的類似之處。

上面所說的類似之點，也許是偶然的，而不一定因暹羅與日本有了什麽關係而致此。不過東亞只有三個獨立國家，除了中國以外，這兩個國家有這麽多的類似的地方，這是值得我們注意的。

而況，近來不但在國內政治方面，暹羅與日本一樣的偏向於法西斯蒂主義，而且在向外發展方面，這是我們應該注意的。

日本人的大陸政策，要想併吞整個中國，暹羅人的汎泰主義，也未嘗不想號招暹羅以外所有的泰族。大陸政策與汎泰主義，名稱雖是不同，實際上沒有什麽區別，兩者都是侵略的口號，兩者都是錯誤，兩者都是妄說。

然而從中國的立場來看，我們對於兩者都要留意，對於兩者都要防備，我所以常常提醒國人不要蔑視我們的南鄰，就是這個原因。

暹羅與日本的關係，據說在日本是始於慶長、元和、寛永之間，在暹羅爲希啊吻他亞王朝時代（一三五一——一七六七）。日暹關係，比之中暹關係較晚得多。而且最足以使我們注意的是，那個時候的日暹交通，多依賴於中國的船舶，而且日暹的國書，多有漢文的本子，故中國不但是日暹關係的物質方面的媒介，而且是日暹關係的精神方面的媒介。

暹羅與日本在那個時候的關係，主要是在貿易方面。從日本運去暹羅的物品爲金，銀，銅，雕刻品，金屏風，繪畫敷物，銅器，漆品，磁器，太刀鐙，鎗，傘，扇子，硫黃，麥粉之類；由暹羅運去日本的貨物爲花，毛氈，木綿，綢更紗，鮫皮，黑糖，鹿皮，象牙，犀角，漆，漆器，煙，硝錫，檳榔，子篠，乳香，金剛石，珊瑚，琥珀，珠藍，水牛角，紫檀，黑檀，白檀，火欄，伽羅，沈香，麝香，冰沙糖，西洋布，鐵炮，鉛，生絲，絹織物，此外又有鳥獸如鸚鵡，孔雀，驢，馬，野牛，貓等。

日暹貿易的貨物，在數量上如何，無從考據。但是若單以種類上來看，由暹羅運去日本的東西，比之由日本運來暹羅的多得多。我以爲假使暹羅人能閉着眼睛去回想那個時候的日暹貿易狀況，再來放開眼睛，看看現在日本的貨物之在暹羅充斥城市，深入鄉村，男女老少，日常所用以至一身所穿的幾無一不來自日本的情形，那麽他們必能感到所謂日暹親善者，不外是暹人代日人暢銷貨物的意思，而免不了要有今昔之感了。

不但這樣，在十六世紀的時候，暹羅人曾效法西洋人製造槍礮，供給與日本人，現在暹羅人卻要從日本購置軍火，假使暹羅人尚沒有忘記的話，暹羅人更要有今昔之感了。

據荷蘭人享弗利佗的暹羅國誌：在日本寬永年間，日人之居留暹羅京都者，有六百人。日本人之在暹羅最著名的爲山田長政及其子阿因。據說他們對於暹羅皇室都有過很大的幫助。至於暹羅使節與譯官之到日本者爲數也在不少。至一八九八年，日暹又互訂通商航海條約。

暹羅與日本在第一次歐戰前，除了商業的關係外，在政治上以及文化的其他方面，可以說是沒有什麼特殊關係。第一次歐戰時期，日本雖乘機積極的在暹羅擴充其經濟勢力，然在政治方面，尚沒有什麼活動。

九一八以後，日本除了經濟上的南進以外，在政治上也極力拉籠暹羅。其目的無非使暹羅表同情於日本對中國的侵略，以免在國際上處於孤立的地位。在國聯會議譴責日本佔據東北四省的表決中，祇有暹羅一國棄權，暹羅當局在當時雖宣稱這種舉動並非對於日本有所偏袒，然而暹羅親日排華的政策，已很顯明的暴露出來了。

同時，日本又向暹羅租借克拉(Kra)地腰，希望開鑿運河，使英國在新嘉坡的海軍根據地，失其重要性，並且能爭奪英國在馬來半島的經濟勢力。此外，據說日本又曾向暹羅政府要求在大城租借地方，以爲日本移民區域。我個人因爲好奇心驅使，三年前遊暹羅時，曾特到這兩個地方調查，結果雖一無所見，然而日本並不因暹羅不答應租借這些地方，而停止其拉籠暹羅的舉動。比方日暹協會主席曾明白的指出荷蘭與英國能否長久的保有他們的殖民地，都成疑問。他又指出現在正是日本南進的好機會，在南進中，暹羅最爲他所看重，因爲暹羅不但有豐富的資源，而且對日親善。又如東亞文化協會的主席也說：『安南與暹羅人民未享有他們所應當享的待遇，「東亞新秩序」是包括這些地方在內。』其實這種妄說，不但只侮辱了暹羅政府，而且侮辱了暹羅人民，難道日本人不知道暹羅是一個獨立的國家嗎？暹羅既是一個獨立的國家，暹羅自己會爲人民謀幸福，何苦日本去擔憂呢？

不但這樣，去年年底日本曾派一個海軍大將到暹羅遊說，要求暹羅與日本締結攻守同盟。同時日本又極力引誘暹羅加入防共協定。暹羅對於攻守同盟，業已拒絕，對於防共協定，據說也沒有參加的傾向。然而無論如何，自德國與蘇俄訂結互不侵犯協定與共同瓜分波蘭之後，日本人現已明白參加所謂防共協定是上了大當，日本人自作聰明，卻上了德國的當，我們希望暹羅不要又上了日本的當。數月前，法國報紙曾揭載日德曾簽過一種瓜分亞洲的密約，而暹羅也包括在內。

日本人的『東亞新秩序』，已給暹羅一種侮辱，日德的密約又要使暹羅成爲刀上魚肉，日本要親善暹羅的用意，很爲顯明，可是暹羅去親善日本的政策，眞是其愚不可及。

然而爲什麼暹羅還要與日本親善呢？照暹羅人的看法，他們親善日本，對於他們也有好處。比方：暹羅的人士與學生之赴日本者，得到日人的盛大歡迎，暹羅的海陸空軍之積極擴充，又得到日本的很多幫助；同時日本又派送了很多軍事顧問與供給不少的工業資料與暹羅。暹羅在軍事上既素來薄弱，在工業原料上又很爲缺乏，日本旣樂意幫忙，暹羅也樂意接受，然而暹羅人好像忘記了這些小便宜，遠抵不過日本貨物在暹羅暢銷所得的利益。

此外，暹羅人受了近代國家主義與民族主義的影響之後，存了很大的野心，懷着很多的妄想，他們以爲緬甸之東，安南之西，馬來半島之北，在歷史上有的時候曾爲暹羅所征服，暹羅人覺得應該奪回這些地方。我記得在暹羅東部邊境有一個地方叫做烏汶，在縣署的門上與許多地方都掛起抵禦外侮的口號，貼了收復失地的標語，我又記得三年前經過暹羅與馬來半島的邊界時，見到暹羅在軍事上作了不少的準備，與六年前我經過那個地方的情形很不相同。我們知道東部邊境的口號標語，是針對法國，南部邊界的軍事行動，卻是針對着英國。暹羅既非英法的勁敵，同時又要奪回所謂歷史上的屬地，那麽非借日本的力量是不成的。

暹羅又以爲在安南，在緬甸以至中國，還有好多泰族的支流。暹羅人自稱泰人，對以暹羅以外的泰族自然很想聯絡起來，而成爲一汎泰民族。所以暹羅在今年六月間曾改國號爲泰，其用意我在第三章裏已經申述。我們在這裏所要注意的是：暹羅改國號爲泰後，暹羅政府與學界曾宣傳收復泰族已失的土地，建設泰族的國家。可是暹羅人要想達到這種目的，非靠日本的力量是不成的。

暹羅近年所抱的政策既是這樣，日本人又從中煽動，如果一旦使暹羅的國家主義，趨於帝國主義，使暹羅的民族主義趨於侵略政策，恐結局不但爲東亞和平之障礙，卽對於暹羅本身亦很危險的。

暹羅對於這種政策不能立卽改變，不但對於英法很爲不利，就是對於中國也有害處。假使這種主義，這種政策實施起來，那麽法屬安南的東　寨，英屬緬甸與馬來半島一部分，都要讓給暹羅，同時中國境內所謂泰族曾經佔據過或倘正居住的地方，也要讓給暹羅。

理論上，這種主義與政策的錯誤，我們在第三章已經說過，我現在所要指摘的是實際上，這種主義與政策是一條行不通的路。

暹羅想要實現這種夢想，故年來遂不得不排英法與中國，同時又不得不親善日本。然而暹羅好像忘記了假使日本既能幫助暹羅去打敗英法，而奪取那些所謂泰族的鄉土，那麽，日本自己也能打敗英法，而奪取這些地方；假使日本自己能佔據英法這些屬地，日本也能夠佔據暹羅。暹羅之於英法的屬地正是『輔車相依，脣亡齒寒。』何況暹羅之所以能成爲一個獨立國家，完全依賴英法二國以這塊地方作緩衝地帶？英法過去既因權利衝突，而給暹羅以獨立的機會，英法現在若利用聯合戰線來壓迫暹羅，卽使暹羅有日本的幫助，也是毫無濟事。又況日本的『東亞新秩序』，以及所謂『日德密約』，無一不是當暹羅作一種犧牲品，我上面所以說暹羅親日的政策，是愚不可及，就是這個意思。

至於暹羅排華也是錯誤的，中國與暹羅並不接壤。暹羅要想重回他們所謂南詔祖國，與泰族故鄉，那麽，暹羅非借日本力量，先佔據英法屬地不可；可是這麽一來，結果是正像我上面所說，不但此路不通，恐怕暹羅本身先受其危！

其實，暹羅排華，至多只給在暹羅的華僑吃虧，可是華僑吃虧，恐怕對於暹羅不但沒有好處，反而有害。暹羅的經濟權，大半操在華僑的手裏，暹羅人，尤其是統治階級，時假法律以抽稅，用政治力量去剝削他們，假使華僑通通被迫而破產，通通被迫而退出暹羅，暹羅人這種閒坐而吃的權利也沒有了。因爲暹羅人直到現在，不但沒有力量去創造華僑所已經造成的經濟基礎，而且沒有經驗去維持華僑已經造成的經濟基礎。一個國家的經濟基礎，是與一個國家的本身成立，有了密切的關係，暹羅壓迫華僑，結果也不過是損害了自己罷！

第十五章　暹羅與南洋

暹羅與南洋有很密切的關係，因爲暹羅是南洋的一部分，而且是南洋很重要的部份；同時暹羅在南洋又佔了很特殊的地位。我們可以從種族、地理、交通、經濟、軍事、政治幾方面來解釋。

在南洋各處，暹羅境內的種族，比較的最爲複雜，而南洋好幾種的主要民族都包括在內。暹羅民族，有了二十餘種之多。據暹羅內務部一九一一年的人口調查報告，也有十餘種，那就是暹羅人，中國人，馬來人，柬埔寨人，蒙人，加林人，安南人，香人，緬甸人，爪哇人，歐美及其他各種人。所謂暹羅人大概是包括泰人，老撾人。此外，印度人在暹羅的，也算不少，所以暹羅實爲各種南洋民族所組成的國家，這是南洋各處所少見的現象，同時也是暹羅在民族上的一個特點。

泰族雖爲統治暹羅的民族，然其人口總數，大概不過佔暹羅人口總數四分之一，至三分之一，中國人佔三分之一至二分之一。此外，其人口較多的爲老撾，柬埔寨，與馬來人，暹羅的泰族，以極少的人口而統治了其他多數的民族與人口，這也可以說是在南洋其他各處的歷史上所少見的，同時又是暹羅的種族上的一個特點。

在地理上，南洋各處，沒有一個地方像暹羅那樣被那麼多的屬地所包圍，菲律濱，婆羅洲、蘇門答臘，爪哇等處都是島嶼，馬來是半島，除了北部與暹羅接壤外，三面都是臨海。緬甸北部與中國交界，東部與暹羅交界，西部與印度交界，可是印度與緬甸同屬於英，而緬甸南部全為海岸，安南的北部雖與中國毗連，西部雖與暹羅接界，但是東南全為海岸。只有暹羅差不多四面都為英法屬地所包圍。牠的西北是英屬緬甸，牠的東北是法屬安南，而其南部又與英屬馬來半島接壤。

不但這樣，暹羅在南部馬來半島有一個地腰叫做克拉，這個地腰，東臨暹羅灣，西臨孟加拉灣，而與緬甸的南部相近。這個地方現在已引起各國的注意。因為假使在這個地方從東至西開鑿一條運河，則不但南洋的整個局面必受影響，同時亞洲的交通情況，也必然發生變化。我們知道從香港到法國馬賽，要二十天左右的水路，輪船必定要南駛到新嘉坡，然後北駛經海峽殖民地，經檳榔嶼而出印度洋，這裏繞了一個大灣。假使克拉有了運河，那麼行駛歐亞的輪船，可以從暹羅灣而孟加拉灣，大概可以省四五天或四份之一的路程。這麼一來，在歐亞的航業上，必然開了一個新紀元。同時，南洋商業的重心，也必從海峽殖民地而趨向暹羅灣一帶。因為不但暹羅，安南與歐洲或近東的貨物的往來，必經過這個地方，就是馬來半島與歐洲或近東的貨物的往來，也必經過這個地方。結果，是英屬馬來半島在海峽殖民地的有名通商口岸，如新嘉坡，馬剌呷，檳榔嶼等處，與荷屬蘇門答臘的西北沿岸一帶的有名的通商口岸，都必受到重大的影響。至少在國際交通線與國際貿易的重要性上，必因之而減少。而海峽殖民地只能成爲爪哇，蘇門答臘的商業中心，暹羅灣除了成爲歐亞航業的樞紐外，必變成菲律濱安南以至南中國的商業的重心。

其實，從交通方面來看，就使克拉地腰不開鑿運河，而暹羅因爲地理上佔有特殊的地位，現在已逐漸成爲南洋交通的樞紐了。以前在南洋的鐵道、公路、與航空尚未發達的時候，交通差不多完全靠水道，湄南江與暹羅灣偏於一隅，在交通上的重要性，不但遠不及新嘉坡，連到西貢與馬尼剌也趕不上。現在情形卻不同了，暹羅是歐亞航空線的樞紐，將來中國與南洋羣島的航空路線一通，暹羅無疑的當變爲世界上東西南北航空路線的樞紐。暹羅首都附近的丹蒙飛機場的偉大與壯麗，不但在南洋一帶不容易看到，就在亞洲也少有其匹。在陸路交通方面，暹羅以曼谷爲中心，南有鐵道接英屬馬來半島，而直抵新嘉坡，西北也有鐵道至亞蘭，這就是與法屬安南的交界地方，除在安南境內一小段路工尚未完竣，須用汽車接駁外，從曼谷可以坐火車經亞蘭，巴丹孟，金塔，西貢，河內，而直抵昆明。暹羅北部又有公路通緬甸，所以陸道的交通方面，暹羅又是南洋交通的樞紐，因爲航空，特別是陸路的交通的發達，暹羅的水道交通也同時益形發展。暹羅有一條湄南大江，直貫暹羅全境，爲南北的交通幹線。暹羅灣在南洋雖偏於一隅，然而因爲暹羅內地陸道交通的發達以及暹羅成爲緬甸，安南，馬來半島陸道交通的樞紐，暹羅內地與這些地方的資源易於搜取，貨物易於流通，曼谷又近暹羅灣口，這都使暹羅灣的地位日益增加其重要性。從暹羅灣至安南，香港，新嘉坡，以至歐美，都有輪船來往。暹羅爲米與木出產最著名的國家，暹羅全國的米與木，無不從這裏裝運而分配到世界各國。所以暹羅在水道交通上，在目前雖比不上新嘉坡與海峽殖民地，然仍不失爲南洋海運中心之一。假使暹羅自己能開鑿克拉運河的話，那麽暹羅灣，無疑的要佔新嘉坡與海峽殖民地的海運第一把交椅了。

暹羅的天然產物，素稱豐富，除了著名的米木之外，礦產亦極豐富。加以交通便利，將來商業當更加發達，工業也日趨發展，那麽它在經濟上所佔的地位，當然更爲重要，而成爲南洋的倫敦或紐約。

此外，從軍事上看起來，克拉運河的重要性，也很顯明。英國以新嘉坡爲東方海軍根據地，一方面固爲保護馬來半島以東的利益，一方面也爲保護馬來半島的屬地。假使克拉有了運河，而不在英國管理之下，則新嘉坡的海軍根據地必失其現有的效能。因爲戰艦可以通過運河，不但緬甸立刻受其威脅，就是印度也受其控制。新嘉坡軍港的建築，是一九一四年歐戰以後的事，一九一四年以前，在亞洲尚沒有足以威脅英國在亞洲的利益的國家。一九一四年以後，日本的經濟的南進政策，既積極的施行，政治以至軍事的南進政策也積極的準備。英國深覺到這種危機，故不惜無限的金錢與力量，建築新嘉坡軍港，凡是到過新嘉坡的人，都會感覺這個軍港的工程浩大。所以新嘉坡現在不但是南洋的商業上的中心區，同時又是軍事上的根據地。

然而英國這種設防的對象無疑的是日本，日本看到英國在南洋的政治與經濟的力量之大，與近來的軍事上的準備不易打破，於是不得不引誘與拉籠暹羅，租借克拉地腰以開鑿運河，以爲爭奪南洋的根據地。這數年來，英國對於日暹之所以感覺不安，是與這個地腰的租借有很密切的關係。直到現在，暹羅雖尙未答應租借這個地腰與日本，就使答應了，日本現在也未必就有力量去開鑿運河，然而克拉地腰在南洋地理上的重要性與特殊的地位，已可概見了。

暹羅與南洋各處最大不同的地方還是政治上的自由與獨立。我們知道，南洋各處都爲英、美、法、荷所征服，而變爲殖民地，只有暹羅是一個獨立的國家。牠不但是內部完全統一，就是對外也與世界其他的自由獨立的國家，同樣處於平等的地位。其實一部暹羅歷史，就是暹羅民族的統一自由與獨立的爭鬭史。暹羅始而征服柬埔寨，繼而抵抗緬甸，終而應付英法與歐美其他各國，使其成爲南洋唯一的自由與獨立的國家，使其成爲東亞三個自由與獨立國家之一，使其成爲世界的自由與獨立的國家之一。在暹羅境內，我們找不到外國的租界，同時也找不到治外法權。暹羅已沒有關稅的束縛，暹羅也沒有不平等條約，從這許多方面看起來，暹羅的地位實在比南洋各地的地位優越得多。

南洋的民族，從西洋人看起來是野蠻的民族，是沒有開化的民族。西洋人覺得統治他們，不但只是一種責任，而且是一種負擔。所謂白種人的負擔(White man's burden)的意義，不外就是以爲這些野蠻與沒有開化的民族，既沒有自治的能力，不得不勞及西洋人來統治。滅亡了人家的國家還說是一種負擔，這是南洋民族一種大恥辱，暹羅民族是南洋民族的一部分，既能統一內部，又能與各國處於平等的地位，這不但是暹羅民族的光榮，也是南洋民族的光榮，其實，暹羅是南洋其他民族爭取自由的很好模樣，暹羅是南洋其他民族爭取獨立自由的一線曙光。

不過，暹羅既處於這種特殊與優越的地位，暹羅應當利用這種地位去鼓勵與幫忙南洋其他的民族，使他們也能得到自由與獨立。不應該模倣各國帝國主義侵略的方法，去侵略南洋其他的民族。因為這麼一來，不但會引起歐美各國的顧忌，而增加其壓制南洋其他的民族，而且會引起歐美各國的聯合戰線，以為對待暹羅的一種政策。暹羅自己有了自由，得到獨立，應該也希望南洋其他的民族也有自由，得到獨立，這才是人之常情，也是立國之大道。統治南洋的歐美各國，對於暹羅這種鼓勵與幫忙，不但不以此為藉口而排斥暹羅，而且事實上，美國對於菲律濱的自由與獨立的運動，已表示了相當的同情。至於英、法、荷諸國，說不定將來也許步美國的後塵，使緬甸、馬來、安南、爪哇、蘇門答臘等處的民族也能得到自由與獨立的機會。我們承認這種機會是不容易得到的，就是能够得到，也要相當的時間，但是我們相信假使暹羅欲侵奪南洋這些地方以為己有，則不但南洋的其他民族，必不願意受暹羅的統治，就是統治南洋的歐美各國，更必不願意讓這些地方與暹羅，結果必使他們對於暹羅發生惡感，使暹羅的本身處於危險的地位。

不但這樣，暹羅不應該忘記暹羅的自由與獨立，並不是暹羅本身的力量所爭取得來的，而是靠着英法所賜與的。英法之於暹羅，關係至爲密切，英法二國現在在歐洲既因德國的威脅歐洲而聯合起來，以抵抗德國，在亞洲亦同樣的感覺到日本威脅其屬地，而努力於同謀保護其屬地的籌謀。去年新嘉坡英法的海軍會議，就是這種舉動的表示。此外，美國與荷國也同樣無時不以日本威脅其屬地爲憂顧。那麼，英、法、美、荷四國聯合起來，以應付日本，也是必然的趨勢。暹羅在這個時候，不親善英、法而親善日本，自以爲因此可以增加其侵略南洋其他民族的力量，同時又提倡所謂汎泰主義以爲侵略亞洲各處泰族的口號。其實，假使日本能幫助暹羅去打倒英、法、美、荷在南洋的勢力，日本自己能打倒他們在南洋的勢力，日本也能打倒暹羅，征服暹羅，這麼一來，對於暹羅不但沒有益處，反而有害。而況暹羅的親善日本，現在已引起美、荷、而特別是英、法的惡感，使暹羅在南洋處於孤立的地位？

總之：暹羅爲南洋的唯一的自由與獨立的國家，然而這種地位，並非由暹羅本身的力量所取得，而全是靠着別人的賜與。現在暹羅既不幫忙南洋其他的民族以爭取同樣的地位，又不願意與英、美、法、荷諸國聯合起來，以抵抗日本的南進政策，而且還要以泰族的招牌去煽動東亞其他各國的民族，藉日本的力量以侵略南洋的其他的民族的土地，這是一種自亡的主義，自殺的政策。

我曾說過：『南洋是我們僑胞的集中區域，南洋是我們僑胞的第二故鄉，爲了發展這個區域，爲了保護這個故鄉，我們應該有整個的政策，使能具體的推動；南洋是我們的海外寶庫，南洋是我們過去的藩屬，爲了增強我們的經濟力量，爲了增長我們歷史的光榮，我們應該有整個的政策，使能具體的推動。──暹羅在南洋既是很重要的部分，又佔了很特殊的地位，那麼，在我們注意南洋的時候，我們對於暹羅，愈要加以注意了。

中華民國三十年九月初版

暹羅與中國一冊 (93672)

每冊實價國幣捌角
外埠酌加運費匯費

1400

I二二九 港

著作者　陳序
編輯者　文史叢書編輯部
出版者　文史叢書編輯部
發行人　王雲五
長沙南正路
印刷所　商務印書館
發行所　商務印書館分支館
重慶 成都 康定 長沙 衡陽 邵陽 貴陽 常德
梧州 桂林 柳州 昆明 開平 肇慶 梅縣 韶關
金華 鄭縣 恩施 萬縣 贛縣 福州 西安 蘭州
南鄭 南陽 盧江 香港 新加坡 澳門 廣州灣